고등학생을 위한 금강경

고등학생을 위한 금강경

The Diamond Sutra

김형중 지음

운주사

들어가는 말

1. '고등학생을 위한 금강경'의 집필 인연

불교경전인 『금강경』과 보조국사 지눌의 『수심결』이 2015 개정 교육과정에 의해 고등학교 교과로서 『고전과 윤리』 교과서에 포함되어, 2018년 3월 1일 교육부의 위임을 받은 전라북도 교육청에서 발행된 것은 한국불교사에서 대단히 의미 있는 일이다.

『금강경』이나 『수심결』은 한국불교 교단을 대표하는 대한불교조계종의 소의경전(핵심교과서)으로서 모든 불자들이 공부하는 성전이다. 그런 두 책이 교육부로부터 고등학교 교과서로 지정되어 전국의 고등학생이 배우고 공부하게 된 것은 불가사의하고 기적 같은 복덕이다.

『금강경』은 고등학생이 배우기에는 전문적인 불교용어와 독특한 기술 어법(즉비卽非의 논리) 때문에 이해하기 어려운 점이 있다. 그래서 누군가가 고등학생의 눈높이에 맞게 『금강경』을 저술하는 것은 고양이 목에 방울을 다는 것과 같이 쉽지 않은 일이었다.

이와는 별도로, 필자는 10여 년 전부터 '청소년을 위한 금강경'의 저술을 목표로 하여 그동안 국내에서 발행된 '금강경 해설서'들을 모으는 한편 내용에 대한 구상을 하고 있었다. 그리하여 100여 권의 해설서를 수집하였고, 그 과정에서 조선시대에 간행된 『금강경오가해』 원본을 3본이나 구하는 행운을 만나기도 하였다.

그리고, 이미 필자의 책을 두 종이나 출간한 인연을 가진 운주사 김시열 대표를 만나 본격적인 집필에 들어갔다. 김 대표는 '고등학생을 위한 금강경'의 저자로는, 여러 가지 이유를 들어 필자가 적합하다고 충동질(?)하였다.

30여 년을 불교종립학교에서 교법사를 하면서 실제로 학생들에게 불교를 가르친 경험, 불교 관련 책을 이미 10여 권이나 저술한 노하우, 당시 중학교에서 교장선생님으로 재직하고 있는 점 등, 더 이상 다른 데서 필진을 찾을 필요가 없다며 필자를 부추겼다. 천학비재를 부끄러워할 줄도 모르고 용기를 내게 해준 동기이다.

한편으로는 『금강경』이 고등학교 『고전과 윤리』 교과서에 수록된 역사적인 계기에 부응하고, 교육부에서 시행하는 '청소년 고전읽기 운동'에 동참하는 마음에서 흔연히 마음을 내었다.

2. 『금강경』을 쉽게 이해하고 공부하는 길은?

옛날처럼 사찰의 강원講院에서 공부하는 방식, 즉 『금강경』을 외우면서 한자 한 글자 한 글자를 옥편에서 뒤지고, 사전에서 불교용어를 찾아가면서 공부하다가는 중도에서 포기하는 사람이 많을 것은 불문가지다.

필자는 36년 동안 중·고등학교에 근무하면서 고등학생들이 대학입시 수학능력시험 공부를 하듯이 『금강경』을 요령 있고 효과적으로 공부하는 방법에 대하여 연구하였다. 그리고 본서의 서술에 그런 점들을 적용하였다.

첫째, 『금강경』은 어떤 내용을 담고 있는 경전인가라는, 즉 먼저 주제를 파악하고 『금강경』을 읽어 나간다. 『금강경』의 주제는 공空 사상이다. 겉모습에 집착하고 고정화된 관념을 타파하는 파상破相이 핵심 내용이다. 집착하는 마음을 내지 말고(無住心) 마음을 내면 고통도 없어지고 진실을 바로 볼 수 있다는 가르침이다.

둘째, 『금강경』의 독특한 언어논리 방식인 '즉비卽非-시명是名'의 논리를 이해한다. 'A는 A가 아니기 때문에 A라고 이름한다'는 '즉비논리'는 일반적인 언어논리에 모순되는 논리구조이다. 『금강경』 전체에서 36회나 이런 언어가 반복되기 때문에 '즉비卽非의 논리'를 이해하지 못하면 『금강경』은 도저히 이해할 수 없다. '즉비논리'를 이해하는 비결은 '모든 것이 공空하다'

는 점이다. 공이 모든 문을 여는 요술방망이요 황금열쇠이다. '즉비논리'는 『금강경』에서만 통용되는 논리이다.

셋째, 『금강경』은 문학적인 비유와 예화를 통한 정교한 논리 방식으로 설법을 전개한다는 점을 염두에 둔다. 예를 들면, '뗏목의 비유', '갠지스강 모래의 비유', '칠보의 보시 비유'와 '인욕선인의 이야기' 등이다. 그리고 부처님은 수보리가 의심나는 문제를 물으면 항상 "너의 생각은 어떠하냐?"라고 물어서 수보리 스스로 생각할 수 있는 여유를 주고 나서 진리를 설하시며, '왜냐하면(何以故)' 등의 논리적인 근거를 제시하면서 시종일관 수보리의 의심에 대하여 대답한다.

넷째, 『금강경』에 나오는 키워드(핵심 단어)와 핵심 구절(사구게)을 이해하고 그것들을 중심으로 내용을 파악한다. 『금강경』에서 가장 중요한 핵심 단어는 '상相'과 '아상·인상·중생상·수자상(四相)', 그리고 '보시'와 '복덕'이다. 핵심 구절은 4개의 '사구게'이다. 이것만 이해하면 『금강경』 전체를 이해할 수 있다. 이처럼 핵심 단어를 중심으로 『금강경』을 이해해 가는 것이 가장 빠르게 공부하는 방법이다. 『금강경』에 나타난 핵심 단어의 빈도수를 조사한 내용은 다음에 나오는 표와 같다. 주인공인 '수보리'가 137회 나오며, 핵심 단어인 '아뇩다라삼먁삼보리阿耨多羅三藐三菩提'는 28회 나오는데 간단하게 '최고의 깨달음'이라고 번역하였다.

다섯째, 일반적으로 통용되는 『금강경』 판본板本의 구성에 따

※『금강경』에 나오는 핵심 단어의 빈도수

키워드(핵심 단어)	빈도수(회)	뜻	비고
수보리須菩提	137	부처님 10대 제자	금강경의 주인공
여래如來	85	부처님	
불佛	58	부처님	
세존世尊	47	부처님	
연등불燃燈佛	6	과거시대 부처님	
석가모니釋迦牟尼	2	불교의 창시자	
보살菩薩	32	대승불교의 이상적 인간상	
중생衆生	42	생명체가 있는 무리	
인人	96	사람	
아라한阿羅漢	8	소승불교의 깨달음을 얻은 성인	
범부凡夫	3	보통사람, 중생	
선남자善男子 선여인善女人	13	착한 사람	
상相	76	겉모습과 관념	핵심 용어
법法	51	진리, 마음의 대상	
복덕福德·공덕功德	30	복덕	
열반涅槃	1	중생 구제, 평화	
멸도滅度·도度	9	중생 구제	
보시布施	21	베풂	
항하恒河	12	갠지스강	
칠보七寶	6	7가지 보석	
차경此經, 금강경	29	이 경전, 금강경	
사구게四句偈	5	시, 게송	
장구章句	3	금강경의 글귀	
삼천대천세계三千大天世界	7	온 세계, 온 우주, 다중 우주	

삼십이상三十二相	8	32가지 부처님의 신체적 특징	상호相好
아뇩다라삼먁삼보리 阿耨多羅三藐三菩提	28	최고의 깨달음	핵심 용어
바라밀波羅蜜	10	보살의 실천 덕목	
색신色身	5	부처님의 육신	
심心	29	마음	인식의 주체
어의운하於意云何	24	너의 생각은 어떠한가?	
색성향미촉법色聲香味觸法	4	6가지 인식의 대상. 육경	육경六境
즉비卽非-시명是名, 즉비卽非	36	A는 A가 아니므로 A이다.	즉비의 논리
법상法相	4	진리의 모습	
아상·인상·중생상·수자 상我相·人相·衆生相·壽者相	10	네 가지 고정화된 그릇 된 관념	사상四相
아견·인견·중생견·수자 견我見·人見·衆生見·壽者見	3	네 가지 그릇된 견해	사견四見
주住, 부주不住	7	머물다, 집착하다	핵심 용어
불不	110	아니다. 부정	부정사不定詞
무無	66	없다. 부정	부정사
비非	47	아니다. 부정	부정사
막莫	5	하지 않다	부정사
물勿	2	하지 마라	부정사
하이고何以故	13	왜냐하면	
아我	47	나. 1인칭	세상의 주체자
공空	3	4분(東方虛空, 上下虛空), 16분(空過)	실체가 없는 무아 無我의 뜻은 한 번 도 없음
약若	62	만약	
즉則	50	곧. ~이다	

라 1분부터 32분까지 순서대로 공부해 나가되, 우선 핵심 내용만을 간추려 읽어 나간다. 그리고 필자 임의대로 내용에 따라 1분에서 16분까지를 전편, 17분에서 32분까지를 후편으로 분류하였다. 17분부터는 전편에 나오는 내용이 거의 똑같이 되풀이하여 서술되고 있는데, 시나 춤에서 반복되는 리듬과 운율성의 효과가 사람의 마음을 감동시키기 때문인 것 같다. 음악으로 말하면 변주곡變奏曲의 효과이다. 이는 『금강경』의 특징 중 하나이다.

3. 『금강경』은 어떤 경전인가?

금강경의 본 이름은 '금강반야바라밀경'으로, '금강석과 같은 단단한 지혜로써 번뇌를 깨트리고 부수어서 고통의 바다를 건너 피안彼岸에 잘 가게 하는 경전'이란 뜻이다. '지혜의 완성'이라고 해설한다. 그래서 『금강경』은 '지혜경'이다.

중국 선종의 6조 혜능惠能대사가 『금강경』의 "마땅히 머무는 바가 없이 그 마음을 일으켜야 한다."는 구절에서 깨달음을 얻었다. 그 후 『금강경』은 중국과 한국에서 가장 많이 읽히는 경전이 되었으며 현재 대한불교조계종의 핵심 경전(소의경전)이 되었다.

이 경은 공(無我) 사상을 설하는 것이 중심 내용인데, '공空'이라는 단어가 한 번도 나오지 않는 점으로 미루어 보아 대승불교 초기에 성립된 경전으로 추측한다.

경經의 전체적인 내용은, 일체의 대상에 대하여 상相에 집착하지 말고 공한 이치를 깨달아 실천하면 그 공덕이 어떤 것과 비교할 수 없을 정도로 큼을 강조하고 있다.

현재 우리나라에서 일반적으로 유통되고 있는 한역본『금강경』은 중국 요진姚秦의 구마라집이 402년에 번역한 것인데, 양나라 무제의 아들 소명昭明 태자가 경의 내용에 따라 32분편分篇으로 나누어 각 편마다 4자로 소제목을 붙인 판본이다.『금강경』을 32분단으로 나눈 것은 부처님의 신체적 특성이 32상이므로 법상法相과 신상身相을 동일하게 일치시킨 것이다.

『금강경』의 사상은 우리나라 국민의 철학과 사상에 많은 영향을 끼쳤다. 즉 고려 후기 무신정권이 들어서면서 선종불교가 활발하게 세력을 확장하였으며, 보조국사 지눌 이후 무신정권의 지원을 받은 조계종(선종)이 창종되고, 송광사에서 선종 출신의 16국사가 배출됨으로써 고려불교의 중심종단이 되었다. 이후『금강경』은 한국불교의 핵심 경전이 되어 오늘에 이르고 있다.

세종대왕이 한글을 창제한 후 세조 때『금강경언해』가 발간되었고, 사찰에서는 강원의 필수 교재가 되어 한국불교는 물론 한국인의 가치관, 세계관, 인생관에 큰 영향을 끼쳤다.

4. 『금강경』의 공덕

『금강경』의 핵심은 "금강경 사구게만이라도 받아 지니고 읽고 이해하여 다른 사람에게 설명해준 사람의 공덕은 삼천대천세계를 칠보로 가득 채워 보시한 공덕보다도 훨씬 크다."고 수차례에 걸쳐 반복하는 것에서 볼 수 있듯이, 재물보시보다도 진리를 설해주는 법보시를 강조하는 점에 있다. 그래서 『금강경』은 '공덕경'이다.

청소년이 사춘기의 첫사랑과 짝사랑에 집착해서 수많은 밤을 지새우다가 집착병(산냐병, 相病)에 빠져서 혹독한 대가를 치루고 괴로워하는 경우가 있다. 집착은 병이고 고통을 만들어낸다. 집착을 버리면 고통도 사라진다.

이렇듯 어린 시절의 트라우마나 우울증을 극복할 수 있는 지혜를 가르치는 경전이 『금강경』이다.

부질없이 마음의 상처나 흔적(산냐)을 만들지 말고 자유롭게 살아가야 함을 가르치는 경전이 바로 『금강경』인 것이다.

『금강경』은 고정된 관념과 겉모양에 빠지지 말라는 가르침이다. 자신이 잘났다고 뽐내고 자랑하지 말라는 가르침이다. 나는 몸에 장애가 있기 때문에 할 수 없다는 상相을 깨부수라고 하고 있다. '나이가 많기 때문에 일을 할 수 없다, 여자이기 때문에 할 수 없다, 가난하기 때문에 행복할 수 없다, 돈이 많아야 행복할 수 있다, 장애자는 행복할 수 없다' 등 잘못된 관념을 깨부수라는 가르침이다.

돈만 있으면 행복하고, 권력만 있으면 모든 일을 마음대로 할
수 있고, 인기만 있으면 인생이 성공이라고 생각하는 사람들이
있다. 그것은 잘못된 공동의 상相이다.

항상 깨어나서 새로운 삶을 살기 위해서는 생각을 새롭게 해
야 한다. 고정관념을 타파하고 생각을 비우고 치우친 생각에서
벗어나면 지혜로운 삶을 살아갈 수 있다. 행운과 복덕은 하늘이
내려주는 것이 아니라 스스로 짓고 만드는, 즉 작복作福이다. 부
처가 되는 작불作佛 행위도 스스로의 의지와 노력 정진에 의해
서 성취된다.

필자는 불교를 처음 만나고 동국대학교 불교학과에 입학 후
『반야심경』과 『금강경』을 배운 뒤로 매일 『반야심경』을 외우
고 사경寫經하는 공덕으로 큰 가피를 받았다. 대학을 졸업하고
바로 동대부여중에 교법사로 부임하여 30여 년 동안 학생들에
게 불교를 가르치게 된 것이다. 10년 전부터는 『금강경』 공부
에 전념하고 있는데, 동대부중 교감으로 부임하여 '교사금강경
읽기모임'을 만들어 15명의 교사가 매주 금요일 점심시간에 법
당에 모여 『금강경』을 함께 독송하는 기쁨은 한량이 없었다. 그
곳에서 교장으로 승진하였고, 두 아들 또한 원하는 바를 이루는
기적 같은 일이 일어났다.

필자는 이런 모든 복덕이 『금강경』에서 강조하는 바대로
'『금강경』을 열심히 수지독송하고 사경하고, 법회를 통해서

『금강경』을 강의하고 설법한 공덕' 때문이라고 믿는다.

　이 글이 완성되고 책의 출간을 앞둔 시점에 동국대학교 사범대학 부속 여자고등학교 교장으로 승진 발령을 받았다.

　이 책을 읽는 청소년들이 『금강경』의 공덕으로 반야지혜가 솟아나서 하고자 하는 모든 일이 원만히 성취되고, 부처님의 가피와 행운이 함께 하기를 기원한다.

2018년 여름

동대부여중 교장실에서 김형중 쓰다

전편

후편

고등학교 교과서 『고전과 윤리』(92~98쪽)

1. 올바른 삶의 방법과 진리를 대하는 태도

①대중 가운데 있던 수보리가 오른쪽 어깨를 드러내고 일어나 합장 후, 오른쪽 무릎을 꿇고 공손하게 부처께 말씀드렸다.

수보리: 부처님! 보살의 길을 가고자 하는 사람들은 어떻게 생활하고, 어떻게 수행하고, 마음은 또 어떻게 다스려야 합니까?

부처: 주변에 있는 모든 것을 고통이 전혀 없는 완전한 기쁨의 세상으로 인도하겠다는 마음을 가져야 합니다. 그러면서도 내가 모든 것을 고통 없는 세상으로 이끌고 있다는 오만한 마음을 내지 않아야만 합니다. 그렇지 않다면 참된 보살이라고 할 수 없습니다.

-금강경, 제2 선현기청분

수보리: 부처님! 시간이 많이 흘러 세상이 아주 어지러워졌을 때도 부처님의 가르침을 믿고 따르는 사람들이 있

을지요?

부처: 그런 세상에서도 계율을 지키고 복을 짓는 지혜로운 사람들이 있을 것이고, 그들은 이 가르침을 믿고 따를 것입니다. 그래도 저의 모든 말들을 있는 그대로 믿고 따라서는 안 됩니다. 제 말은 길을 걷다가 만나는 긴 강을 건너기 위한 뗏목으로 생각해야 합니다. 자신의 삶 속에서 마주하는 고통 속에서 이 말 속에 포함된 진리들을 활용하면 되지, 그것을 문자 그대로 믿고 따르다가는 자칫 잘못된 길로 접어들거나 자신의 길만이 옳다고 고집하는 잘못을 저지를 수도 있습니다.

-금강경, 제6 정신희유분

윗글은 많은 사람들이 모인 곳에서 가르침을 펴고 있는 부처와 수보리라는 제자가 나눈 대화이다. 제자 수보리는 어떻게 하면 자신과 다른 사람이 서로 깊이 연결되어 있어 뗄 수 없는 관계에 있음을 알고 스스로를 대하듯이 다른 사람을 대할 수 있는 이상적인 인간(보살)이 될 수 있느냐고 묻고 있다.

이에 부처는 주변에 있는 사람과 짐승, 자연물까지 포함하는 모든 것들의 고통이 완전히 없어질 수 있게 하겠다는 마음을 가져야만 한다고 답변한다. 자신의 고통은 이미 극복되었을지라도 혼자만 그 행복을 누리는 데 그치지 않고, 다른 사람의 고

통까지도 함께 짊어지겠다는 마음을 내고, 그 다음을 실천하는 삶이야말로 바람직하고 이상적인 삶이라고 가르치고 있는 것이다. 더 나아가 부처는 그렇게 생각하고 행동하면서도 자신이 그렇게 하고 있다는 자부심까지도 버릴 수 있어야만 진짜 보살이 될 수 있다고 강조한다.

우리는 하루하루 생활해 가면서 자신의 고통을 감당하기에도 참 버겁다는 생각을 할 때가 많다. 그러면서도 자연스럽게 나와 관계를 맺고 있는 가족이나 친구의 고통에 대해서 공감하는 기회를 갖고, 가능하다면 그 고통을 함께 나누고자 노력하기도 한다. 그러다가 어떤 때는 봉사 활동을 나가 움직이기 힘들어하는 장애인이나 노인들을 도우면서 많은 보람을 느낀다. 그런데 부처는 그런 보람 속에 포함된 남을 도와주고 있다는 생각까지도 경계해야 한다고 말하고 있다. 어떻게 그것이 가능할까?

부처의 가르침에 따르면, 나와 내가 도와주는 그 사람은 서로 긴밀하게 이어져 있어 온전히 남이라고 볼 수 없다. 내 삶은 이미 다른 모든 사람과 연결된 채 전개되어 있기 때문에, 그들과 분리되고 고립된 나는 아예 있을 수 없다는 것이다. 그런데 만약 남을 돕고 있다는 생각을 하면서 선행을 베풀고 있다면, 나와 남 사이의 관계를 제대로 보지 못한 데서 비롯되는 잘못된 생각을 하고 있는 셈이 된다.

다른 한편으로 부처는 자신이 한 말이라도 무조건 믿고 따르기만 해서는 안 된다고 강조하고 있다. 그리고 이것은 다른 종교와 불교를 구분할 수 있는 가장 큰 차이점 중 하나이다. 부처는 자신의 말이라도 어떤 구체적인 상황 속에서 특정한 사람에게 한 말이기 때문에 문자 그대로 따를 경우, 강을 건널 때 필요한 뗏목을 산으로 올라갈 때도 짊어지고 가는 것과 같은 잘못을 범할 수 있다고 말한다. 더 나아가 자신이 한 말은 모두 인간의 삶과 자연현상을 통찰하는 과정을 거쳐 얻은 진리이기 때문에, 무조건 믿고 받아들이기보다는 각자의 삶 속에서 충분히 검증해 보고 받아들일 필요가 있다고 강조한다. 이와 같은 불교의 진리추구 자세는 현대 과학이 요구하는 탐구 태도와 유사하다고 볼 수 있다. 그러므로 우리는 이 지점에서 종교인 불교와 현대 과학이 만날 가능성을 확인할 수 있다.

②부처: 수보리여, 깨달음의 길에 막 들어선 수다원이 '나는 수다원의 경지에 이르렀다'는 생각을 할까요?
수보리: 부처님! 아닙니다. 수다원은 그런 생각을 하지 않을 것입니다. 수다원이라는 말은 '세상의 흐름을 뛰어넘는 사람'이라는 뜻을 갖는데, 만약 자신이 그런 경지에 올랐다고 생각하면서 교만해진다면 그는 자기중심적인 생각을 하는 사람일 뿐, 참된 수다원이라고 할 수 없습니다.
부처: 수보리여, 그렇다면 깨달음의 높은 경지인 아라한에 이른 사람은 '나는 아라한에 도달하였다'는 생각을 할

까요?

수보리: 아닙니다. 부처님! 아라한은 그런 생각을 하지 않습니다. 부처님께서는 제게 '아라한은 참으로 평화롭게 사는 사람'이라고 말씀하셨고, 저는 이 말씀을 '탐욕으로부터 완전히 벗어난 사람'을 아라한이라고 한다고 받아들였습니다. 그가 진정한 아라한이라면 자신이 아라한의 경지에 이르렀다는 생각으로부터도 자유로울 것입니다.

-금강경, 제9 일상무상분

불교에서는 모든 인간을 세상 속에서 부대끼며 살 수밖에 없는 중생으로 보면서도, 모두가 부처의 본성인 불성을 가지고 있고, 또 노력하면 누구나 부처가 될 수 있다고 말한다. 그런데 부처가 되는 길이 결코 쉽지 않기 때문에 불교는 수행의 과정에서 목표로 삼을 수 있는 몇 가지 단계를 설정한다. 우리가 함께 보고 있는 이 『금강경』에서는 네 가지 정도의 단계를 제시하고 있는데, 그중 중요한 두 단계가 위에 제시된 수다원의 경지와 아라한의 경지다.

수다원의 경지는 마음공부를 통해 세상의 흐름을 제대로 볼 수 있게 되는 단계이다. 오늘날 우리가 살고 있는 세상은 눈에 보이는 것과 돈으로 살 수 있는 것들만을 강조하는 경향이 강하다. 특히 돈으로 살 수 있는 상품들이 광고를 통해 우리들 삶의 깊숙한 곳까지 파고들고 있다. 이 흐름을 제대로 보지 못할 경우, 자칫 그 흐름에 휩쓸려 삶을 주체적으로 살지 못하게 될 가능성이 높다.

부처는 자신의 제자 수보리에게 수행을 통해 도달할 수 있는 첫 번째 단계가 수다원의 경지임을 강조하면서, 더 나아가 그 단계에 이른 사람은 세상의 흐름을 뛰어넘을 수 있으면서도 그 사실을 자랑거리로 내세우지 않을 수 있는 사람이라고 가르치고 있다. 더 높은 단계인 아라한의 경지에 이르면 모든 욕심으로부터 자유로울 수 있게 되고, 그 단계는 부처의 경지와 매우 가까운 이상적인 단계이다.

우리는 세상 속에서 살아가야 하기 때문에 꼭 필요한 돈에 대한 욕심을 가질 수 있는, 더 나아가 그 돈을 벌기 위해 좋은 직업을 가져야겠다는 마음을 낼 수도 있다. 그러나 그렇게 벌 수 있는 돈은 좋은 삶을 위한 필요조건 중 하나일 뿐, 결코 충분조건까지 보장해줄 수는 없다. 돈을 벌어 꼭 필요한 것들을 소비하면서도 불필요한 욕심을 버리고 주변의 어려운 이웃이나 난민들을 위해 기부할 수 있는 마음가짐을 가질 수 있을 때 진정한 행복은 보장될 수 있다. 부처의 가르침은 그런 점에서 진정한 행복에 이르는 길을 보여주고 있다고 할 수 있다.

나아가 부처는 수보리에게 헛된 욕심을 버리고 지금 자신이 가지고 있는 세상과 자신을 바라보는 관점을 제대로 인식하면서 청정한 마음을 내려고 노력한다면 다음과 같이 진정한 행복을 얻게 될 것이라는 믿음을 준다.

③부처: 수보리여, 갠지스강의 모래알만큼 많은 갠지스
강이 있다면, 그대는 그 모든 갠지스강에 있는 모래알이
아주 많다고 하겠습니까?

수보리: 참으로 많습니다. 갠지스강도 헤아릴 수 없는데,
그 많은 갠지스강의 모래알은 매우 많은 것입니다.

부처: 수보리여, 어떤 사람이 이 많은 갠지스강의 헤아릴
수 없는 모래만큼 수많은 보석을 남에게 주고도, 베풀었
다는 생각조차 들지 않는다면, 그 사람은 이 베풂으로 큰
행복을 얻겠습니까?

수보리: 큰 행복을 얻습니다.

부처: 어떤 사람이 『금강경』이 주는 이와 같은 가르침을
숙지하여 실천하고 나아가 이러한 깨달음을 다른 사람과
나누어 함께 공부하고 실천한다면 이러한 베풂으로 얻는
행복은 더 큰 행복일 것입니다.

-금강경, 제11 무위복승분

갠지스강과 그 모래에 비유한 베풂에 대해서는 부처가 이 경
전의 여러 부분에서 반복하여 가르치는 내용이다.

④이와 같이 나는 들었다. 한때에 부처님께서 사위국의 기수급고독원에서 제자 천이백오십 명과 함께 계셨다. 이때 부처님께서는 식사시간이 되어, 가사를 입고 발우를 들고 사위성에 들어가셨다. 성안에서 차례로 탁발을 마치고 본래 처소로 돌아와 식사를 마친 후에 가사와 발우를 거두고 발을 씻은 뒤 자리를 펴고 앉으셨다.

-금강경, 제1 법회인유분

『금강경』의 시작은 위와 같은 일상으로 시작된다. 이것은 석가모니 부처가 살았던 하루 일상을 소개하려는 의도보다는, 불교에서 말하는 깨달음이 특별한 사람만이 얻을 수 있다거나 일상을 벗어나 추구하는 것이 아니라는 것을 알려주고자 한다. 『금강경』은 우리에게 평범하고 당연하게 여기는 일상 속에서 깨달음의 길을 안내한다. 반복되는 하루하루의 삶 속에서 밥을 먹고, 공부하고, 몸을 씻을 수 있는 것이 자신에게만 다가오는 일상의 기적들이라고 생각할 수 있다면, 우리는 이미 올바른 삶으로 향하는 길의 출발점에 들어선 셈이다.

2. 바람직한 관계 맺기와 베푸는 삶

⑤수보리가 부처의 말씀을 듣고 그 뜻을 깊이 깨달아 감격의 눈물을 흘리며 부처께 말씀을 드리기 시작했다.

수보리: 부처님! 고맙습니다. 참으로 고맙습니다. 참으로 깊이 있는 진리를 말씀해주셨습니다. 저는 그 말씀을 듣고 지혜의 눈을 떴습니다. 이런 말씀을 전에는 한 번도 들은 적이 없습니다.

부처: 나는 자기나 인간, 생명 중심적인 생각을 하지 않습니다. 그런 생각을 하면 늘 생각이나 말에 걸려 넘어질 수 있습니다. 어떤 것에도 어디에도 걸려 넘어지지 않아야 하고, 더 나아가 걸리지 않아야겠다는 생각도 내서는 안 됩니다. 보살로 살기 위해서는 모든 것의 행복을 위해 기꺼이 베풀어야 하지만 그러면서도 베풀었다는 생각을 하지 않아야만 온전히 보살이 될 수 있습니다. 시력이 좋은 사람도 깜깜한 곳에서는 볼 수 없는 것처럼, 베풀고 있다는 생색을 내면서 베푸는 사람은 아무런 복도 지을 수 없는 것입니다.

-금강경, 제14 이상적멸분

수보리: 부처님! 그런데 어려운 사람에게 기꺼이 도움

을 주면서도 왜 복을 지었다는 생각을 하지 않아야 하는지요?

부처: 만약 그런 생각을 한다면, 그 생각에 걸려 넘어지기 때문입니다. 깨달음도 마찬가지입니다. 깨달음을 이루려는 사람은 누구나 걸림이 없이 나의 가르침을 진리로 이해하고 직접 볼 수 있어야 합니다. 그렇게 진리를 이해하면서도 '내가 진리를 깨달았다'는 생각을 하지 않아야만 온전히 깨달았다고 할 수 있습니다. 내가 깨달음의 진리를 아래와 같은 시로 표현해 보겠습니다.

-금강경, 제17 구경무아분

내 눈앞에서 볼 수 있는 모든 것은
꿈속 허깨비 같은 거품입니다.
이슬처럼 번개처럼 지나가는 것일 뿐입니다.
모든 것을 이처럼 보아야만 합니다.

-금강경, 제32 응화비진분

부처는 위 대화 속에서 잘 사는 것이 자신을 중심으로 생각하는 것이 아닐 뿐만 아니라, 인간이나 생명을 중심으로 생각하는 것도 아니라고 강조하고 있다. 그럼 어떤 삶이 잘 사는 것일까? 이 대화를 잘 들여다보면, 나 자신이나 인간, 생명을 중심으로 생각하는 것은 우리의 실상을 제대로 보지 못하는 어리석음에서 비롯된다는 가르침을 담고 있다. 다행스럽게도 지혜로운 제자인 수보리는 스승의 말씀을 잘 알아듣고 지혜의 눈을 뜰 수 있게 되었다고 감격하고 있다.

부처가 주변에 존재하고 있는 모든 것을 지혜의 눈으로 바라보고 나서 깨달은 진리는 모든 것이 서로 연결되어 있어 중심이라고 할 수 있는 것이 따로 없다는 것이다. 그렇게 보면 오히려 모든 사람이 다 중심이라고 말할 수 있게 된다. 그리고 부처는 이것을 모든 사람은 똑같이 존귀한 존재일 뿐만 아니라, 짐승이나 자연 또한 존귀한 존재라는 가르침으로 풀어내고 있다.

그런데 우리들의 생각은 늘 자기중심적이기 마련이어서 그 생각에 사로잡히게 되면, 어떤 베풂이나 선행도 결국은 자신의 이익이나 만족을 위해서 하는 결과를 빚게 된다고 경고하고 있다. 사실 우리는 자신의 만족과 보람을 위해 남을 돕는 경우가 있고, 그 행동도 칭찬받을 만한 것이라고 평가하기도 한다. 그러나 나와 내가 도움을 주는 다른 사람이 서로 깊은 관계로 얽혀 있는 데도, 그런 생각을 내는 것 자체가 그 실상은 제대로 보지 못하는 데서 오는 어리석음일 뿐이라는 것이 부처의 가르침이다.

이런 가르침은 베푸는 선행에만 적용되는 것이 아니다. 우리가 공부해서 보다 참된 진리를 깨닫고자 하는 과정에서도 어김없이 작용된다. 그 진리가 온전한 것이기도 어렵고 설령 깨달았다고 해도 말로 표현하는 일은 더 어렵기 때문에, 아예 그런 생각에 붙들리지 말아야 한다.

그러면서도 스승이 깨달은 진리를 궁금해 하는 제자들을 위해 '내 눈앞에 보이는 모든 것들은 허깨비 같고 이슬이나 번개처럼 쉽게 사라지는 것'이라는 시구詩句로 알려주는 자비를 베풀고 있다. 결국 석가모니 부처는 그 고전을 통해서 우리가 알아두어야 할 세 가지 당연한 진리를 새겨 두면 저절로 편안하고 행복해진다고 가르치고 있다.

첫째, 모든 것은 변한다.

둘째, 모든 것은 혼자 존재할 수 없고 연결되어 있기 때문이다.

셋째, 따라서 우리는 그 실상을 제대로 보면서 자비로운 마음을 내야 한다.

⑥ "수보리여! 모든 보살은 마땅히 청정한 마음을 내되, 보이는 모양이나 색에 머물지 않고 그 마음을 일으켜야 한다. 이 밖에도 소리, 냄새, 맛, 촉감 등 우리가 마음이 향하는 그 대상에 집착하지 않고서 마음을 내야 한다. 마땅히 집착 없이 그 마음을 내어라."

-금강경, 제10 장엄정토분

이런 진리를 마음에 새기고 실천하면서 석가모니 부처는 제자들에게 무엇에도 집착하지 않는 걸림 없는 청정한 마음을 가져야 한다고 반복하여 가르치고 있다.

_1 부처님께서 '금강경 법회'를 열다

이와 같이 나는 들었다(如是我聞). 한때에 부처님께서
사위국의 기수급고독원에서 천이백오십 명의 큰스님
들과 함께 계셨다.
부처님께서는 식사시간이 되자 옷을 입으시고 밥그릇
을 들고 사위성으로 들어가시어 차례대로 밥을 빌어 얻
으셨다. 그리고 절로 돌아오셔서 빌은 밥으로 식사를
마치신 뒤에 옷을 벗고 밥그릇을 씻어 정돈하시고, 발
을 씻으신 다음에 자리를 펴고 단정히 앉으셨다.

해설

『금강경』은 이렇게 시작되고 있다. 석가모니 부처님께서 『금강
경』을 설하실 때 법회가 열리는 장소와 주변 환경, 상황을 설명
하는 부분으로 첫머리(도입부), 즉 서론에 해당한다.
　장소는 당시 가장 큰 절이었던 코살라국 사위성의 기수급고

독원, 설법 대상은 1,250명의 큰스님들이다.

설법은 식사 후에 이루어졌음을 알 수 있다. 부처님 당시 인도의 수행승들은 식사를 하루에 한 번만 했고 오후에는 식사를 하지 않았는데, 아침 식사시간은 사시巳時인 오전 9~11시 사이였다.

또 당시 수행승들의 식사 방법은 신도의 집을 차례대로 지나가면서 밥을 빌어서 먹는 걸식乞食이었다. 그래서 수행자인 스님을 '밥을 빌어먹는 걸사乞士'의 뜻을 지닌 '비구比丘'라고 불렀다.

황금빛을 발하시는 맨발의 부처님이 스님의 옷(가사)을 입고 1,250명의 스님들을 이끌고 코살라국의 수도인 사위성에 들어가 밥그릇(발우)을 들고 질서정연하게 신도의 집을 찾아가서 밥을 얻어먹는 발우공양 모습은 일대 장관이다. 이런 여법如法한 일상의 생활이 구도자에게는 수행이다.

스님이 앉는 자세는 결가부좌結跏趺坐이다. 오른쪽 발을 왼쪽 허벅지 위에 놓은 다음 왼쪽 발을 오른쪽 허벅지 위에 놓고 좌우 균형을 잡아 앉는 자세인데, 명상을 하는 데 가장 좋은 자세이다. 결가부좌는 처음 하는 사람은 습관이 안 돼서 어렵지만, 오랜 시간 명상하여 삼매三昧의 경지에 이르는 데 필요한, 몸이 편안하고 정신 집중이 잘되는 자세로서 정착되었다. 불교 수행에서 가장 핵심적인 수행법이 바로 이 좌선坐禪이다.

부처님께서는 반드시 명상(선정)에 들었다가 깨어나서 설법을 하셨다. 허리를 곧게 세우고 단정히 앉은 구도자의 모습은 거룩하게 보인다.

위의 경전 내용에서 부처님의 일상생활의 모습을 볼 수 있다. 의식주 일상의 모습이 우리들의 삶의 모습과 똑같다. 진리는 가까운 데 있다. 이 세상 인간이 살고 있는 곳에 진리가 있고, 행복한 삶의 지혜가 있다. 하늘나라 별나라 특별한 곳에서 진리를 찾으면 만 년을 찾아도 모래로 밥을 짓는 것과 같이 헛수고일 뿐이다.

부처님의 가르침은 고통 속에서 살아가는 어리석은 사람(중생)에게 고통에서 벗어나는 지혜를 깨우쳐주는 것이다. 불교의 팔만대장경이 바로 괴로움을 없애주는 영약이다. 『금강경』은 금강석과 같은 굳센 지혜로 중생의 어리석은 애착을 끊어주는 경전이다. 애착과 집착이 고통의 원인이다.

부처님의 일상의 행위가 우리 불자들이 본받고 지켜야 할 계율戒律이고, 부처님의 명상에 든 고요한 마음이 선정禪定이고, 부처님이 설하신 지혜의 말씀이 경전經典, 즉 교학敎學이다. 부처님의 일상생활 그대로의 모습이 수행이요 불도佛道이다. 불자가 따라 실천해야 할 길이다.

용어풀이

*여시아문如是我聞: 불교경전의 시작 문구는 모두 "나는 이렇게 들었다(如是我聞)"이다. 부처님의 10대제자 중 기억력이 가장 뛰어

난 아난阿難이 부처님 곁에서 시중을 들면서 법회 때마다 부처님의 말씀을 잘 기억하여, 훗날 부처님이 돌아가시고 '경전편찬회의'를 할 때 부처님의 말씀을 암송하여 경전을 편찬하였다.

*기수급고독원祇樹給孤獨園: 부처님 당시 인도에서 가장 큰 나라인 사위국 파사익왕의 태자 기타가 정원을 기증하고, 큰 부자였던 수달 장자가 그곳에 절을 지어 부처님께 기부하였다. 기원정사라고도 한다. 『금강경』을 비롯한 많은 대승경전이 이곳에서 설해졌다.

*부처(佛): '진리를 깨달은 사람'을 뜻하는 범어 Buddha의 음역이다. 한자로는 불타佛陀, 불체佛體로도 쓴다. 부처는 '불체'가 '부테'로 변형되어 생긴 우리말이다. 여래如來, 세존世尊 등으로 불린다.

2 어떻게 그 마음을 다스립니까?

이때 제자 수보리가 대중 가운데 있다가 부처님께 여쭈었다.
"부처님이시여, 구도자가 최고의 올바른 깨달음(아뇩다라삼먁삼보리)을 얻고자 하는 마음을 일으키려면, 마땅히 어떤 마음을 가져야 합니까? 또 어떻게 마음을 다스려야 합니까?"

해설

『금강경』은 수보리가 부처님께 질문하고, 부처님이 대답하는 형식으로 구성되어 있다. 수보리가 대중 가운데 있다가 일어나 부처님께 정식으로 예절을 갖추고 설법을 청하고 있다. 수보리의 핵심적인 질문은 "최고의 올바른 깨달음(아뇩다라삼먁삼보리)을 얻고자 하는 구도자는 어떤 마음을 가져야 하고, 그 마음을 어떻게 다스려야 합니까?"이다. 이 질문에 대한 대답이 『금강경』의 내용이다.

팔만대장경을 한마디로 요약하면 인식의 주체가 되는 '마음심(心)'이다. 그러나 마음은 실체가 없으며, 모양도 소리도 없어서 알 수가 없다. 그 마음을 어떻게 다스려야 하는가? 그 마음을 어떻게 사용해야 하는가? 이것이 불교의 수행 방법이다. 『금강경』에서의 수행법, 즉 마음을 쓰는 자세는 '집착하는 마음'이 없이 마음을 쓰는 것이다.

마음을 그르치고 괴롭히는 것은 집착이다. 그 집착만 끊어버리면 깨달음도 얻고 부처도 된다. 『금강경』에서는 집착하는 마음에 대하여 수없이 설하고 있다.

* **아뇩다라삼먁삼보리**阿耨多羅三藐三菩提: 범어 anuttara-samyak-sambodhi의 음사로, 불교에서 '최상의 지혜, 최상의 올바른 깨달음'을 뜻하며, 무상정등각無上正等覺으로 번역한다. 『금강경』에 28회나 반복되는 핵심 단어이다.

* **수보리**須菩提: 부처님 10대제자 중 『금강경』의 핵심 사상인 공空, 즉 무아無我 사상의 이치를 가장 잘 이해하여 해공제일解空第一로 불린다. 그런 연유로 『금강경』에서 주인공이 되어 공의 이치에 대하여 부처님께 질문한다. 『금강경』에서는 장로(長老: 학문이 깊고 나이가 많은 사람으로 오랫동안 수행을 쌓은 분이란 뜻) 수보리, 선현(善現: 착한 선업이 밖으로 드러난 분이란 뜻) 수보리, 혜명(慧

命: 부처님이 깨달은 지혜를 계승하기 위하여 목숨을 다해 실천하는 분이란 뜻) 수보리 등 세 가지 이름으로 표현하고 있다.

수보리는 사위성의 바라문의 아들로 태어났지만 성품이 포악하고 분노심이 많아서 주변 사람들이 싫어하였다. 산신山神이 부처님께 인도하여 출가할 때 부처님께서 그에게 분노심의 근원과 그것이 어떤 잘못을 불러일으키는지 말씀해주시자 자신이 저지른 잘못을 참회하고 열심히 수행하여 아라한과를 성취하였다.

*공空: 범어 Sunya(순야)에서 비롯된 말인데, "비어 있음, 자성이 없음"의 뜻이다. 초기불교 경전에서는 존재를 오온·십이처十二處·십팔계十八界 등 여러 요소로 분석함으로써 아我의 집착에서 벗어나 공空에 머물 것을 가르치는데, 부파불교에 오면 아공법유(我空法有: 모든 존재는 실체가 없는 공한 상태이지만, 그렇게 설한 진리의 법은 있다는 주장)를 주장한다.

『성실론』에서는 아공법공我空法空의 이공二空을 주장한다. 아공我空은 자아自我의 실체가 없다는 것이요, 법공法空은 객관세계인 모든 존재(諸法)가 인연에 의해서 존재할 뿐, 항상 불변하는 자성自性이 없다는 것을 말한다.

초기 대승경전인 『반야바라밀경』은 초기불교의 연기관緣起觀과 부파불교의 모든 공관空觀을 종합하여 일체제법一切諸法이 모두 공空하다고 주장하고, 그 이법을 체득하는 것이 최고의 깨달음(아뇩다라삼먁삼보리, 無上正等正覺)을 얻는 것이라고 한다.

3 보살은 반드시 이와 같이 그 마음을 다스려야 한다

🪷

부처님께서 수보리에게 말씀하시기를 "모든 보살들은 반드시 이와 같이 마음을 다스려야 한다."고 하였다.

"보살이 '내가 모든 중생의 고통을 모두 없애주어서 완전한 열반涅槃에 들게 하리라.' 하고, 수많은 중생을 구제하여 열반에 들게 하였으나, 실제로는 열반을 얻어 구제받은 중생이 아무도 없다.

왜냐하면 보살에게 아상(我相: 내가 잘났다고 생각하는 관념), 인상(人相: 사람이 우수하다고 생각하는 관념), 중생상(衆生相: 중생이 못났다고 생각하는 관념), 수자상(壽者相: 목숨이 영혼이 있어 영원하다는 관념)이 있다면 보살이 아니기 때문이다."

『금강경』에서 가장 중요한 부분이 이 3분편分篇이다. 이 내용만 이해하면『금강경』의 모든 내용을 이해했다고 볼 수 있다. 수보리가 "어떻게 그 마음을 다스립니까?" 하고 묻는 질문에 부처님께서는 "반드시 이와 같이 그 마음을 다스려야 한다."고 대답하였다. '이와 같이'가『금강경』에서 마음을 다스리는 방법, 즉 길이다. '이와 같은 지혜'를 통해서 마음의 번뇌를 항복시키면 된다. '이와 같은 지혜'는 뒤에 밝히고 있지만 한마디로 말하면 "반드시 집착하는 마음이 없이 그 마음을 유지하고, 집착하는 마음이 없이 그 마음을 내야 한다."이다. 집착하는 마음이 있으면 보살이 아니다.

'집착하는 마음이 없이 그 마음을 내라'이다. 집착하는 마음은 편견이고, 선입견에서 생기는 애착하는 마음이다. 이것이 사물의 진실을 바로 볼 수 없게 하는 원인이고, 모든 고통의 원인이다.

불교의 수행은 한마디로 자신의 마음을 잘 제어하고, 마음을 잘 쓰는 것이다. 불교의 종파 가운데 선종(禪宗: 마음을 닦는 데 중점을 둠)이 선정 수행을 통하여 마음의 정체를 깨닫고, 집착하는 마음을 타파하여 깨달음을 구하는 것을 목표로 하고 있다. 선종에서『금강경』을 의지하여 공부하는 경전으로 삼는 이유가 바로 여기에 있다.

보살은 깨달음을 얻은 구도자로, 범부 중생을 깨달음의 길로 이끌거나 고통을 없애줄 수 있는 위치에 있는 성인이다. 중생은 본래 부처와 같이 불성佛性을 갖추고 있으나, 겉으로 드러난 현상은 탐욕과 성냄, 그리고 어리석음으로 고통 속에서 신음하고 있는 보통사람이다.

보살은 어떤 마음을 가지고 살아야 하는가? 중생을 고통에서 구제하여 고통이 없는 열반의 세계로 이끌었다 하더라도, 아만심이 있어 보살과 중생이 차별이 있다는 생각을 가진다면 수행이 덜 된 보살이다. 『화엄경』에 "마음과 중생과 부처는 본래 평등하여 아무런 차별이 없다."고 하였다. 또 "중생은 부처의 지혜와 덕상을 모두 갖추고 있다."고 하였다. 따라서 보살이 구제받을 중생이 없는 중생을 마음으로 만들어 구제했다고 생각한다면 덜 깨달은 보살이라고 부처님은 설하고 있는 것이다.

여기에 나오는, 중생이 집착하는 네 가지 마음인 사상四相은 『금강경』에서 가장 중요한 키워드이다. 사상四相을 떠나면, 사상을 깨부수면 부처이다. 파상불破相佛이고, 이상불離相佛이다.

아상我相은 나라는 생각, 내 것이라는 생각, 내가 잘났다고 착각하는 생각이다. 나를 중심으로 생각하여 다른 사람을 무시하고, 중생도 어리석다고 열등하게 보아 무시한다. 또한 남의 목숨이나 생명은 경시하고 자신의 목숨은 영원하여 죽지 않는다고 착각하고 집착한다. 아상이 확산되어 인상, 중생상, 수자상이 생긴다. 내가 잘났다는 아상, 아만, 아견, 아집이 마음을 어둡게 만들어 진실과 실상을 제대로 볼 수 없게 하고 어리석은 중생의 삶을 살게 된다. 아상을 버리면 곧바로 부처요, 보살이 된다.

우리가 말하고 있는 중생은 본래 부처님과 똑같다. 불성도 갖추었고, 부처님의 지혜와 복덕도 갖추었다. 본래 구제 받을 중생이 없다. 그런데 중생과 부처는 차별이 있다고 그릇되게 집착하는 생각을 가진 사람은 부처나 보살이 될 수 없다. 따라서 중생도 구제할 수 없는 것이다. 즉 부처님께서 수많은 중생을 구제했다고 하는 것은 잘못 말한 것으로, 한 명의 중생도 구제한 것이 아니라는 뜻이다. 중생이 본래 부처이기 때문이다.

* 보살菩薩: 대승불교의 이상적인 인간상이다. 보살은 범어 보리살타(Bodhisattva)의 줄임말로써 깨달음을 추구하는 중생, 또는 깨달음을 얻은 중생이라는 뜻이다. 대승불교 경전에 등장하는 보살은 중생을 구제하는 보살로, 위로는 깨달음을 구하고(上求菩提) 아래로는 중생을 교화 구제하는(下化衆生) 이타행을 실천하는 보살행이 강조된다.

보살이 실천해야 할 여섯 가지 바라밀, 즉 육바라밀(六波羅密: 보시·지계·인욕·정진·선정·지혜)이 있다. 『금강경』에서는 보시바라밀, 인욕바라밀, 반야(지혜)바라밀이 나타나 있다.

* 중생衆生: 인간을 포함하여 생명이 있는 모든 존재를 뜻한다. 탐욕과 분노, 그리고 어리석음, 즉 삼독심三毒心을 수반한 존재를 범

부 중생이라고 하며, 진리를 깨달은 부처와 보살의 상대어로 쓰인다.

부처나 보살에게 구제의 대상이 된다. 인간이 위로 깨달음을 구하여 얻으면 천인天人·성문聲聞·연각緣覺·보살菩薩·부처(佛)가 되고, 아래로 삼독심에 빠져 살아가면 아수라·축생·아귀·지옥으로 떨어져 살아가게 되는데, 이를 10계界라고 한다. 천인·인간·아수라·축생·아귀·지옥의 세계는 고통에서 윤회하면서 사는 세계로 육도六度라고 한다.

＊열반涅槃: 번뇌의 불꽃이 완전히 사그라진 적멸의 상태, 즉 평화와 멸도(滅度; 고통을 없애서 제도됨)의 상태이다. 불교의 이상적인 경지이다. 스스로 깨달음을 얻어 번뇌가 끊어진 평화의 경지를 누리고, 중생도 고통과 번뇌를 멸도시켜 열반에 이르게 하는 것이 보살의 궁극적인 목표이다. 현대적 언어로 표현하면 행복, 평화, 해탈의 의미이다.

더 들여다보기

＊상相: '상相'이 불교용어로 사용될 때는 두 가지의 다른 뜻으로 쓰인다. 첫째, 색色과 같은 '물질, 형상'의 뜻으로 쓰이는데, 색상色相이나 삼십이상三十二相이 그것이다. 둘째, 『금강경』에서는 전혀 다른 뜻으로 쓰여 산스크리트어(범어)로 산냐(samjna)인데, 번역하면 '외계에 나타나 마음의 상상想像이 되는 사물의 모양'이다. '생각할 상(想)'으로 번역하기에는 의미가 매우 심오하여 '상(相)'이라 하였다. 즉 밖으로 나타난 형상과 마음 안에서 생긴 형상(이

미지, 관념) 모두를 뜻한다.

상相에 집착하거나 선입견을 가지면 사물의 실상이나 진실을 올바로 보고 판단하는 데 장애가 된다. 따라서 상에 집착하는 마음의 있는 한 깨달음을 얻을 수 없고, 부처나 보살이 될 수 없다.

각묵 스님이 '금강경 산스크리트어 원전'을 연구한 『금강경 역해』에서 '산냐'를 어원적으로 '같게 인식하는 것', '뭉뚱그려 인식하는 행위', '대상을 받아들여 개념(notion) 작용을 일으키고 이름 붙이는 작용'이라고 번역하고 있다.

'산냐'는 『금강경』에서 핵심이 되는 키워드로서 '단순히 인식하고 생각하고 상상하고 마음을 궁글리는 차원을 넘어서서, 마음에 어떤 자국(相)을 굳게 그리거나 만들어 가지고 있는 상태'를 뜻한다. 마음에 굳게 그리거나 만들어 가지고 있는 것은 이념, 관념, 고정관념으로 정착된 인식, 집착증세 등으로 표현할 수 있겠다. 상相을 깨면 엄청난 인식의 전환이 이루어지고, 고정관념이 타파되는 깨달음이 온다.

* 사상四相: 『금강경』에 나오는, 범부 중생이 개체의 심신心身에 대해 집착하는 네 가지 상相, 즉 아상我相·인상人相·중생상衆生相·수자상壽者相이다. 사견(四見: 아견·인견·중생견·수자견)이라고도 한다. 이 사상에 대한 풀이는 해설하는 방식과 문헌에 따라 다르게 해석하기도 한다.

아상我相은 자신이 잘났다고 집착하는 생각, 인상人相은 다른 사람을 공경하지 않는 생각, 중생상衆生相은 좋은 일은 자신의 공으로 돌리고 나쁜 일은 남의 잘못으로 탓하는 중생의 잘못된 소견,

수자상壽者相은 사람이 목숨이 다하면 영혼이 있어서 영원히 존재한다는 관념이다. 아상 때문에 삼독심(탐욕, 분노, 어리석음)이 생기고, 괴로움이 발생한다. 아상이 사라지면 곧바로 부처이다.

사상四相은 아상을 다른 측면에서 네 가지로 표현한 것으로 볼 수 있다. 이 네 가지 상이 있으면 중생이요, 네 가지 상이 없으면 부처이다. 사상설四相說은 초기불교 교리와 『금강경』에서 매우 중요하게 다루는 설이다.

사상四相은 『금강경』에서 30회나 반복될 정도로 중요한 개념으로 꼭 이해해야 할 불교용어이다.

_4 집착하는 마음이 없이 보시하라

"수보리야, 보살은 어떤 대상이나 기존의 생각에 집착하지 않는 마음으로 다른 사람에게 베풀어주는 보시를 해야 한다. 이른바 형상(色)에도 머물지 않고 보시하고, 소리(聲)·냄새(香)·맛(味)·촉감(觸)·관념(法) 등에 집착하지 않고 보시해야 한다.

수보리야, 보살은 이와 같이 보시하되 어떤 대상에 대한 관념에도 집착하지 않아야 한다. 왜냐하면 보살이 대상에 대한 관념에도 집착함 없이 보시한다면 그 복덕은 헤아릴 수 없이 크기 때문이다."

🐚 해설

보살은 가난한 사람에게 베풀어주는 보시를 통해 복덕을 쌓는다. 보시의 복덕은, 집착하는 마음을 가지고 보시하는 것과 집착하는 마음 없이 보시하는 것에는 엄청나게 큰 차이가 있다.

집착하는 마음이 없이 보시를 해야 큰 공덕을 받고, 보살은 반드시 그런 마음으로 해야 한다.

보살은 집착하는 마음이 없이 마음을 일으키고, 보시를 할 때도 베풀어준다는 생각을 하지 않고 보시를 해야 한다. 이른바 형상(色)에도 머물지 않고 보시하고, 소리(聲)·냄새(香)·맛(味)·촉감(觸)·마음의 대상(法)에도 집착하지 않고 보시해야 한다. 사람이 감각기관인 눈으로 외부의 형상을 보고 시각작용을 함에 있어서 거기에 집착하여 동요를 일으키지 않아야 보살이다. 여인의 감미로운 소리, 향기로운 냄새와 맛, 그리고 부드러운 촉감에도 흔들리지 않아야 보살이다. 마음이 보고 들은 대상의 이미지나 관념에도 집착하는 마음을 일으키지 않고 보시해야 진정한 보살이다.

마음이 외부의 어떤 대상과 접촉하여 흔들리거나 집착하는 마음이 없이 보시를 해야 보살이라고 강조하고 있다. 마음이 흔들림이 없는 부동심不動心과 외부의 어떤 대상에 머물러 집착하지 않는 부주상不住相, 무주심無住心으로 하는 보시가 최고의 보시이다.

집착하는 마음이 없이 보시를 해야 큰 공덕을 받고, 보살은 반드시 그런 마음으로 모든 행위를 해야 한다. 그러면 지혜가 드러나 완성되고 깨달음을 얻어 부처가 된다.

『금강경』은 지혜와 복덕을 가르치는 경전이다. 지혜는, 모든 존재는 각기 다른 에너지나 요소들이 인연 따라 잠시 형상을 이루었다가 인연이 끝나면 흩어져 실체가 없다는 무아無我의 진리, 즉 공空의 실상을 밝혀서 중생들로 하여금 고통의 근원인 집착을 끊을 것을 가르친다. 공덕은 보시를 통하여 생기는 것인데, 물질적인 보시보다 깨달음을 일깨워주는 『금강경』의 한 구절이라도 이웃을 위해서 설명해주는 공덕이 최고로 크다고 밝히고 있다.

『금강경』은 처음부터 끝까지 시종일관 참다운 보시와 크나큰 공덕에 대하여 설하고 있는 것이 특징이다. 보시가 21회, 복덕(공덕)이 30회나 되풀이하여 강조되고 있다.

*보시布施: 부자가 가난한 사람에게 재물을 베풀어주고, 지혜로운 사람이 어리석은 사람에게 진리를 깨우쳐서 가르쳐주는 행위를 뜻한다. 보시는 선행으로써 가난한 삶을 구제하는 행위이기 때문에 공덕의 기본이 되며, 모든 종교의 공통되는 덕목이다. 『금강경』에는 '보시'가 21회나 강조되어 나타나고 있다.

보시는 선행의 으뜸으로 복덕을 짓는 가장 중요한 요인이다. 대승 보살이 실천해야 할 여섯 가지 실천 덕목인 육바라밀 가운데 첫번째 덕목으로, 보시를 통하여 깨달음에 이르는 길을 보여준다.

특히 『심지관경』에서는 "주는 사람과 물건을 받는 사람과 주는 물건, 이 삼자가 청정하여 공空한 상태가 되어야 가장 훌륭한 보시가 된다."고 설하고 있다.

보시에는 세 가지가 있는데, 재물을 보시하는 재시財施, 진리의 법을 설하는 법시法施, 공포와 두려움을 없애주는 무외시無畏施가 그것이다.

『금강경』은 보시의 공덕을 설한 경전이다. 집착함이 없는 무상無相의 보시를 해야 최고의 깨달음(아뇩다라삼먁삼보리)을 얻을 수가 있다. 또한 보시 중에서도 칠보의 물질적 보시보다도 『금강경』 사구게라도 남에게 설명해주는 법보시가 훨씬 큰 보시임을 강조하고 있다. 무주상無住相 보시가 최고의 보시이다.

더 들여다보기

*불교의 감각기관과 인식의 과정

육식六識: 육근六根을 뜻한다. 시각을 담당하는 눈(眼), 청각을 담당하는 귀(耳), 후각을 담당하는 코(鼻), 미각을 담당하는 혀(舌), 촉각을 담당하는 몸(身), 인식을 담당하는 의식(意) 등 6개의 감각感覺과 인식기관認識器官을 뜻한다.

육경六境: 인식기관의 대상이 되는 여섯 가지 경계인 물질(色), 소리(聲), 향기(香), 맛(味), 촉감(觸), 마음의 대상(法)을 뜻한다.

감각과 인식기관인 육근이 그 대상인 육경을 만나 작용이 이루어진 것이 육식(六識: 안식·이식·비식·설식·신식·의식)의 의식작용이다.

*허공의 비유

『금강경』에서는 보시하는 공덕의 크기에 대해 각종 비유를 통하여 강조하고 있다. 첫 번째 비유가 '허공의 비유'이다.

"수보리야, 동쪽 하늘의 허공이 크기가 헤아릴 수 없이 크느냐?"
"예, 헤아릴 수 없이 큽니다." "수보리야, 보살이 대상에 대한 관념에 집착하지 않고 보시하는 복덕도 이와 같이 헤아릴 수 없이 크다."

<u>5</u> 신체의 형상으로 부처님을
볼 수 있는가?

"수보리야, 너의 생각은 어떠한가? 신체의 특성(형상)
으로 부처님(여래)을 볼 수 있는가?"
"없습니다. 왜냐하면 부처님께서 말씀하신 부처님의
신체적 특성은 바로 부처님의 신체적 특성이 아니기 때
문입니다."
부처님께서 수보리에게 시(게송)로 말씀하셨다.
"무릇 형상이 있는 모든 존재는 허망한 것이니, 모든 형
상을 실체가 없는 가상 형상이라고 본다면 곧바로 부처
를 보리라."

범소유상凡所有相 개시허망皆是虛妄

약견제상비상若見諸相非相 즉견여래則見如來

이 장에서는 부처님(여래)의 참모습은 신체적 특성(형상)이 아
니고, 부처님께서 깨달은 진리(法)를 인격신화한 법신불(法身
佛: 진리체로서의 부처)임을 밝히고 있다. 신체의 특징을 신상身
相이라 한다. 부처님의 모습은 32가지 특징을 보인다 하여 삼십
이신상三十二身相 또는 삼십이상이라고 하는데, 이것은 부처님
의 겉모습, 즉 허상虛像이다.

중생과 부처가 차별이 없음을 주장한 내용이다. 겉모양인 신
체나 얼굴이 잘생겨야 부처가 되는 것이 아님을 반복하여 강조
하고 있다. 겉모양은 본질이 아니다. 사람도 겉모습이나 얼굴만
보고 그 삶을 평가하는 것은 어리석은 행위이다. 진짜 그 삶의
진면목을 찾으려면 겉모양이나 얼굴, 선입견 등에서 벗어나야
한다.

형상이나 물질로 나타난 모든 것은 독자적으로 존립할 수 없
는, 자성이 없는(無自性) 것들이 인연화합에 의해서 잠시 형상
과 모습을 나타냈다가, 인연이 끝나면 소멸하고 말 실체가 없는
허망한 가상현실(현상)이다. 이것이 부처님께서 깨달은 핵심적
진리인 무아無我 사상이다. 대승불교에서는 무아란 용어 대신
에 공空을 사용한다.

『금강경』의 핵심 사상인 무아無我 사상, 즉 비상게非相偈를 통
해서 공空에 대해 설명하고 있다. '형상이 없음'의 뜻인 무상無
相이나 '형상이 아님'의 뜻인 비상非相은 모두 상相을 부정하는

말이다.

이 분편分篇에서 부처님께서 수보리에게 "부처님의 신체적 특징인 32상을 통해서 부처(여래)의 참모습을 볼 수 있느냐? 수보리, 너의 생각은 어떠하냐?" 하고 묻는다.

『금강경』에는 '너의 생각은 어떠하냐?(於意云何)'라는 문구가 반복하여 나타난다. 부처님께서는 제자가 의문을 갖고 묻는 질문에 바로 대답하지 않고 제자가 스스로 생각해 볼 수 있도록 한다. 제자의 생각과 의견을 존중하는 부처님의 독특한 설법 방식이자 교육 방법이다.

 용어풀이

＊색色: 형상과 색깔이 지닌 일반 물질을 의미한다. 색심色心은 몸 (물질)과 마음(정신)을 뜻한다. 상相은 형상의 뜻과 마음에서 만들어진 관념(이미지)의 의미가 있다.

＊색상色相: 형상을 지닌 물질을 뜻한다. 사람의 몸과 마음을 말할 때는 몸(육신)의 뜻이다. 부처님의 몸을 말할 때는 32색신상色身相, 또는 32상이라고 표현한다.

＊색신色身: 육체, 몸. 부처나 보살의 몸. 불교에서 색色은 색상色相이 있는 물질(형상)을 뜻하므로 신身과 같은 뜻이다. 부처의 몸인 32상을 색신이라고 한다.

＊법신法身: 형상이 없는 부처의 몸. 부처가 깨달은 진리를 기록한 경전(法寶)을 말하기도 하고, 선종에서는 마음이 부처(自性佛)이

기 때문에 마음(불성)을 말하기도 한다. 자성법신自性法身이다.

* 삼십이상三十二相: 고대 인도에서 부처님과 이상적 왕인 전륜성왕
轉輪聖王은 32가지 훌륭한 신체적 특성(32상)을 가진다고 여겼다.
예를 들면 '몸이 황금빛임, 머리 위에 육계肉髻가 있음, 40개의 치
아가 있음, 혀가 길어 얼굴을 덮을 수 있음, 음성이 우렁차고 훌
륭함, 몸은 금색이고 피부가 부드러움' 등이다. 이를 더 상세하게
80가지 특징으로 나눈 모습을 80종호種好라고 하며, 이렇게 32상
과 80종호를 갖춘 부처님의 모습을 상호相好라고 한다.

* 여래如來: 부처의 다른 이름. 산스크리트어 tathāgata(타타가타)
에서 비롯된 말로, '진리로부터 온 자'라는 뜻이다. 또 '윤회를 뛰
어넘은 해탈자로서 다시는 인간세계에 태어나지 않는다'는 뜻과
'가서 돌아오지 않는다'는 뜻으로 과거의 부처(과거불)에 대해서
사용되었다. 부처(여래)는 어디로부터 온 바도 없고, 또한 어디로
간 바도 없다.

더 들여다보기

* 『금강경』사구게
"무릇 형상이 있는 물질은 모두가 허망한 것이니, 만약 모든 형상
이 형상이 아님을 알면 곧바로 부처(진리)를 보리라."
『금강경』의 공 사상을 네 구절 게송으로 나타내는 첫 번째 사구
게四句偈이다. 이 사구게만 이해하면 『금강경』 전체를 이해한 것
이라 할 수 있다.
공 사상은 부처님께서 21년 동안 반야경전 600부를 설법하며 가

르치신 내용이다. 그 가운데 한 권이 『금강경』이고, 260자로 축약한 경이 『반야심경』이다. 반야경전은 팔만대장경 가운데 가장 분량이 많고 오묘한 교리이기 때문에, 부처님께서 무려 21년 동안이나 중생의 생각을 깨우쳐서 전환시키기 위해 설하신 것이다.

과학이 발달하기 전인 옛날에는 눈으로 볼 수 있는 형상인 유(有: 물질적 존재)에만 집착하였다. 눈에 보이지 않지만 실제로 존재하는 공기나 에너지 같은 존재는 인정하지 않았다. 부처님 당시 인도의 '유부파有部派'의 견해나 사상을 깨부수는 사상이 부처님의 무아 사상이고, 공 사상이다.

눈에 보이는 현상계의 물질은 실체가 없는 여러 가지 요소가 인연 따라 모여서 나타났다가 인연이 끝나면 사라지고 말 허망한 것이다. 그런 물질에 너무 집착하면 애착이 생기고 고통이 생기므로, 이 세상에 나타난 모습이 그런 줄을 알고 살아가라고 부르짖은 사상이 부처님의 공 사상이다.

공 사상은 파유破有 사상이고, 파상破相과 이상離相의 가르침이다. 파도와 이슬(번갯불)처럼 잠시 나타났다가 사라질 형상(相, 有, 色)은 눈에 보이니 없다고(非無) 할 수도 없고, 그렇다고 실체가 없이 잠시 머물다가 사라질 허깨비(꿈, 환상, 그림자)와 같아 있다고 할 수도 없으므로(非有), 묘하게 있는 묘유妙有 상태이다. 있는 것도 아닌 '비유非有'와 없는 것도 아닌 비무非無의 상태가 공의 세계이다.

서구의 유무有無, 흑백黑白 논리에 훈련된 사람은 불교의 이런 공의 논리를 이해하기 어렵다. 필자도 흑백 논리 속에서 살았기 때문에 "있으면 있고 없으면 없는 것이지, 있는 것도 아니고 없는 것도 아닌 상태인 공의 세계"를 이해하는 데 힘들었다. 그래서 부처님은 21년 동안이나 중생을 위하여 고구정녕 설법하신 것이다. 공의 이치인 반야지혜의 눈을 떠야 비무非無, 비유非有, 묘유妙有의 세계를 볼 수 있다.

부처님의 참모습은 육신의 몸 모습이 아니다. 부처님의 진정한 모습은 형상이 아니라 진리 그 자체이다. 무형의 법신法身 부처님이다.

부처님께서 수보리에게 말씀하셨다.

"무릇 형상이 있는 것은 모두 허망하니, 만약 모든 형상(化身相)이 형상이 아님(法身相)을 보면 곧 부처님을 볼 수 있다."

이 경구가 『금강경』의 핵심 사상으로, 사구게라고 부른다. 이 경구를 이해하면 부처님을 볼 수 있다고 하였다. 즉 깨달음을 얻을 수 있다는 뜻이다.

우리가 살고 있는 이 세상의 현상계에서 형상이 있는 만물(존재)은 흙(地)·물(水)·불(火)·바람(風)의 네 가지 요소인 사대四大가 인연 따라서 형상을 만들었다가 인연이 다하면 흩어진다. 따라서 잠시 동안만 존재하다가 소멸하게 된다. 즉 모든 형상은 진짜 형상이 아니라 허망하게 사라질 존재인 것이다.

모든 존재는 실체가 없는 여러 가지 거짓된 요소들이 인연 따라 모습을 하고 있다가 사라질 가상의 물체이다. 자기를 이루는 실체(아트만, 我)가 없으므로 무아, 즉 공의 세계이다.

이 무아 사상이 『금강경』의 핵심 사상이고, 대승불교의 기본 사상이다. 대승불교 시대에서는 무아를 공이라고 칭하였다. 물론 『금강경』에서는 공이란 명칭이 나타나 있지 않다. 『금강경』은 초기불교(근본불교)와 초기대승불교의 중간 시기에 생겨난 경전이기 때문이다.

"모든 형상은 가상의 형상이기 때문에 진짜 형상이 아니다. 그 이치를 볼 수 있으면 부처가 된다."는 이 사구게 또한 『금강경』에서만 볼 수 있는 독특하고 전형적인 즉비시명卽非是名의 어법(논리적 모순어법) 형식을 갖추고 있다

6-1 훗날 『금강경』의 말씀을 듣고 믿는 사람이 있을까요?

수보리가 부처님께 여쭈었다.

"부처님이시여, 앞으로 이와 같은 부처님의 말씀을 듣고 진실한 믿음을 내는 사람들이 있겠습니까?"

부처님께서 말씀하셨다.

"그런 말을 하지 마라. 내가 죽은(佛滅) 후 오백 년 뒤에도 계율을 지키며 복을 닦는 사람이 있어, 내 말을 참답게 믿을 것이다. 이 사람은 이미 전생에 수많은 부처님 세상(과거불 시대)에서 한량없는 착한 선근善根을 심었기 때문에 내 말을 듣고 오직 일념으로 깨끗한 믿음을 낼 것이다." (……)

"수보리야, 부처님(여래)은 이러한 중생들이 이와 같이 한량없는 복덕의 얻음을 다 알고 다 본다. 왜냐하면 이러한 중생들은 다시는 내가 잘났다는 자기중심적인 생각(아상), 인간이 우월하다는 생각(인상), 중생이라는 열등의식(중생상), 자신의 수명이 영원하다는 생각(수자상) 등의 관념이 없기 때문이다."

해설

『금강경』은 기존의 생각과 사상(영원한 실체가 있다는 유사상有思想)을 타파하고 무아無我의 진리를 설하는 심오한 경전이다. '훗날 부처님이 돌아가시고 오백 년이나 지난 세상에서 어떤 사람이 이 부처님 말씀을 이해하고 믿겠느냐?'고 사리불이 묻는다.

부처님께서는 '당연히 있다'고 말씀하신다. 그때도 지난 생에 많은 선한 복덕을 짓고, 계율을 잘 지킨 깨끗한 믿음을 지닌 사람이 있기 때문이다.

아무리 믿음이 없는 말세(말법)라고 해도『금강경』의 진리를 믿고 실천하는 사람이 있으니 의심하거나 절망하지 말고 오직 『금강경』을 믿고 용기를 내서 살아가라고 강조하고 있다.

 용어풀이

* 불멸佛滅: 부처님이 돌아가심. 서양의 종교와 역사는 예수님이 태어나신 연대(A.D.)를 기준으로 삼는 데 반해, 불교는 부처님이 돌아가신 해(불멸)를 기준으로 삼았다. 2018년은 불기로 2562년이다.

* 선근善根: 착한 근기. 좋은 과보를 받을 만한 좋은 씨앗이란 뜻. 선을 행하고자 하는 마음.

*과거불過去佛시대: 대승불교의 다불多佛 사상에 의해서 생긴 것으로, 지난 세상(과거세, 전세, 전생)에 출현한 부처님시대를 뜻한다.

*불멸佛滅 후 오백 년: 부처님이 돌아가시고 오백 년 후. 불법이 쇠퇴한 훗날의 시대를 뜻한다. 말법末法시대, 말세末世라고도 한다.

*다불多佛 사상: 대승불교에 와서 깨달음을 구하는 보살 수행자가 늘어가면서 수많은 부처가 탄생하게 된다. 다불 사상이 생겨난 것이다. 역사적 인물인 석가모니 부처님 외에 극락정토를 주관하는 아미타불, 진리의 부처인 법신불法身佛 비로자나 부처님, 동방 세계를 주관하는 아촉불 등의 수많은 부처가 탄생한다.

초기불교시대에는 번뇌의 고통에서 벗어나 평화가 있는 열반涅槃을 불교의 목표로 삼았지만, 대승불교에 와서는 깨달음을 얻어 성불成佛하는 것이 불교의 수행 목표가 되었다. 따라서 새로운 부처가 탄생할 수밖에 없었다.

6-2 뗏목의 비유

진리(法, 관념과 경계)라는 생각에 집착해서도 안 되고, 진리가 아니라는 생각에 집착해서도 안 된다. 이런 이유로 부처님께서 항상 말씀하셨다.

"수행하는 스님들이여, 나의 설법이 뗏목의 비유와 같은 줄을 알고, 마땅히 법法조차도 버려야 하는 것인데, 하물며 법(진리)이 아닌 비법(非法, 진리가 아닌 법)이겠는가."

해설

우리가 세상을 살아가는 데 고정화된 절대적인 법칙은 없다. 그때그때 상황과 시기에 따라 약이 되기도 하고 병이 되기도 한다. 귀한 금가루도 눈에 들어가면 독이 되듯이, 진리도 고정화되고 집착하면 말뚝이 되어 우리의 사유와 행동을 구속하고 장애가 되기도 한다.

『금강경』은 설령 진리라고 하더라도 집착하고 고정화시키면 그것이 법집法執이 되어 올바른 사유와 판단을 방해한다고 설하고 있다.

뗏목의 비유는 『금강경』에 나오는 대표적인 비유로 유명하다. 뗏목을 통해서 강을 잘 건넜으면 뗏목을 놓아두고 목적지를 향하여 길을 가야지, 그 뗏목이 소중하다고 머리에 이고 다니면 어리석은 짓이라는 것이다.

부처님의 가르침이나 성인의 가르침도, 그것을 통해서 고통에서 벗어났으면 더 이상 매이지 말아야 하는데, 그 가르침들에 집착하면 다른 진리나 가르침을 배척하고 부정하는 어리석은 삶을 살게 된다.

부처님은 자신이 설한 진리의 말씀까지도 집착하지 말라고 가르친 자유인이다. 진리나 성인이라는 이름에 집착하면 결국 그것을 우상화하고 그 노예가 되고 만다. 진리(법)에도 집착하면 법집法執이 되고 만다. 그러면 그 사상과 이념의 노예가 된다. 종교에 너무 집착하여 광신자가 된 경우나 극우·극좌의 이데올로기에 빠져 노예가 된 사람이 있다.

하물며 진리(법)도 그러한데, 진리가 아닌 비법非法에 집착한다면 참으로 어리석다는 것을 강조한 가르침이다.

*법法: ①불교의 진리, ②부처님의 가르침(불법), ③경전, ④존재·사물, ⑤물질과 정신의 모든 것, ⑥인식작용이나 의식의 대상, ⑦존재를 구성하는 최소단위의 요소 등 여러 가지 뜻이 있다. 비법非法은 법(진리)이 아닌 것.

*색법色法: 물질적 존재, 심법心法은 마음을 뜻한다.

*법집法執: ①법에 집착하는 것, ②객관인 물질적(物)·심적(心) 현상을 실재하는 것인 줄로 잘못 알아서 집착하는 것, ③교법(教法, 가르침)에 얽매어 그것에 집착하고, 도리어 진정한 깨달음을 얻지 못하는 것.

*법박法縛: 법, 즉 교리의 이론에 집착하고 거기에 속박되어, 교법教法을 듣고도 진실한 뜻을 깨닫지 못하거나, 실행하는 데 도리어 구속되는 것. 종교나 이데올로기를 맹신하거나 교조주의자들이 법박에 걸려든 사람이다. 『금강경』의 '뗏목의 비유'는 법박에서 벗어나야 함을 강조한 비유이다.

*뗏목의 비유

『맛지마 니까야』 22. '독사의 비유 경'에 나오는 비유이다. '뗏목의 비유 경', 또는 '벌유경筏喩經'으로도 불린다.

"비구들아, 나그네가 강을 만나자 뗏목에 의지하여 저쪽 언덕으로 건넜다. 나그네는 고마운 뗏목이지만 이를 머리에 이고 길을 가는 것은 어리석은 일이라고 생각하여 강물 위에 띄워놓고 길을 떠났다.

비구들아, 나의 설법은 뗏목과 같은 줄 알아라. 나의 가르침(법, 진리)도 버려야 하거늘 하물며 나의 가르침이 아닌 것(비법非法)은 말해서 무엇 하겠느냐?"

저 언덕은 열반(해탈)을, 뗏목은 부처님의 가르침(진리, 법)을 비유한다.

_7 진리의 법은 얻을 것도 없고 말할 것도 없다

"수보리야, 너의 생각은 어떠하냐? 부처님이 최고의 깨달음(아뇩다라삼먁삼보리)을 얻었느냐? 부처님이 설한 바 진리(법)가 과연 있는 것인가?"

수보리가 대답하였다.

"없습니다. 제가 부처님께서 설하신 진리를 이해하기로는 정해진 법(고정화된 법)이 없는 것을 최고의 깨달음(아뇩다라삼먁삼보리)이라 이름하며, 부처님께서 설하실 만한 정해진 법이 있을 수 없습니다."

해설

부처님께서 깨달은 진리를 법法, 즉 불법佛法이라고 한다. 구체적으로 말하면 최고의 진리인 아뇩다라삼먁삼보리이다. 이 법은 정해진 법이 없다. 또 부처님께서 설한 단정적인 법도 없다. 모든 법(諸法)은 실체가 없는 무아無我이기 때문이다. 형상도 실체도 없기 때문에 무엇이라고 말로써도 문자로써도 규정할 수가 없다. 언어 문자에 한계가 있다. 그러나 깨달음의 내용에 억지로 법이니, 아뇩다라삼먁삼보리니 하는 이름을 붙여 중생이 깨달음의 길에 이르는 데 도움이 되도록 하였다. 부처님께서 말씀하신 진리의 법은 하나도 취할 수 없고, 말할 수 없고, 법도 아니고, 법이 아닌 것도 아니기 때문이다. 그것은 모든 성현이 행함이 없는 법(무위법)을 씀으로서 보통사람과는 차별을 두었기 때문이다. 무위법은 언어 문자를 떠난, 조건이나 조작造作이 없는 자연스러운 성인의 절대세계이다. 『금강경』에서 강조하는 일체의 상相을 떠난 깨달음의 세계이다. 그 세계는 깨침도 얻을 내용도 설법할 내용도 없는, 언어 문자를 벗어난 인식 밖의 절대세계이다. 유위법은 현상세계의 인과因果가 있는 상대적인 중생의 세계이다.

용어풀이

* 아뇩다라삼먁삼보리阿耨多羅三藐三菩提: 산스크리트어 anuttara-samyak-sambodhi(아누타라삼먁삼보디)를 소리 나는 대로 옮긴 것(음역). 불교의 최고의 이상인 부처님의 깨달음, 최고의 지혜와 깨달음을 뜻한다. 이 책에서는 '최고의 깨달음'으로 통일한다. 『금강경』에 28회나 나오는 중요한 키워드이다.

* 무유정법無有定法: 모든 것은 인연에 의해서 생겨나고 소멸하기 때문에 정해진 법(定法)이 없다. 부처님께서 깨달은 진리(법)를

설하시기는 했으나 그 설하신 진리를 고정불변의 정해진 진리(정법)로 받아들여서는 안 된다는 뜻이다. 고정화시킨 법이나 규정은 달라진 상황이나 시대에는 적용시킬 수가 없다. 그래서 법은 하나로 규정할 수가 없고, 법도 아니고, 법이 아닌 것도 아니라고 한다.

*무위법無爲法: 무위는 인간의 행위(人爲)에 대한 상대어로서, 인간의 의지나 행위가 없는 자연 그대로를 뜻하는 말이다. 중생은 인위적인 삶이고, 성인은 무위의 삶이다. 무위법은 조건에 의해 만들어지지 않은 것으로 변화와 소멸이 없는 것을 뜻한다. 무위는 열반涅槃, 실상實相, 법성法性, 진여眞如와 같은 의미를 내포하고 있다.

8-1 칠보로써 보시를 한다면 복덕이 많겠는가?

"수보리야, 어떻게 생각하느냐? 만약 어떤 사람이 삼천
대천세계에 칠보七寶를 가득 채워 보시한다면 이 사람이
얻을 복덕이 많다 하겠는가, 그렇지 않다 하겠는가?"
수보리가 대답하였다. "매우 많습니다. 부처님이시여,
왜냐하면 이 복덕은 바로 복덕의 본질이 아닌 까닭에
부처님께서는 복덕이 많다고 하셨습니다."

해설

『금강경』에는 복덕과 공덕에 관한 용어가 30회나 나타난다. 반
야지혜와 보시 공덕에 대한 내용이 『금강경』의 핵심 내용이다.
즉 금강경은 '공덕경'이다. 불자가 부처님께 자신의 소원을 기
도하여 복을 구하는 것을 기복불교라고 한다. 부처나 보살의 가
피加被를 통해 복과 소원을 비는 행위가 그릇된 불교라고 할 수
는 없다. 다만 복을 빌기만 하는 기복祈福보다는 중생을 위해서

보살행을 직접 행하고 깨달음을 구하여 부처가 되는 작불作佛 불교가 되어야 한다.

'삼천대천세계에 칠보를 채워 보시하는 비유'는 『금강경』에서 7회 나타나는데, 이 비유는 재물보시의 대표적인 예화이며, '이 경의 사구게를 남에게 설명해주는 공덕의 비유'가 함께 나와서 법보시가 훨씬 큰 복덕임을 강조하고 있다.

고기를 잡아주는 재물보시보다는 지혜를 깨닫도록 경전의 말씀을 전해주는, 고기를 잡는 방법을 가르쳐주는 법보시가 더 큰 복덕이 있음을 강조한다. 부처님께서는 그 이유에 대하여 다음과 같이 명료하게 설하고 있다.

"모든 부처님과 최고의 깨달음(아뇩다라삼먁삼보리)의 진리가 모두 이 경전(금강경)에서 나왔기 때문이다."

 용어풀이

* 칠보七寶: 7가지 귀한 보석. 『법화경』에서는 금·은·유리流璃·마노瑪瑙·호박琥珀·산호珊瑚·차거硨磲를 칠보라고 하였다. 가장 귀한 보배를 뜻한다.

* 삼천대천세계三千大千世界: 우리가 살고 있는 세계는 수미산을 중심으로 한 세계(우주)를 이루고 있다. 이런 세계를 3천 개를 합한 아주 큰 세계를 뜻하는데, 이 삼천대천세계는 한 분의 부처님이 머물면서 중생을 교화하고 있는 나라(세계)이다.

* 복덕福德: 공덕功德. 선행과 선행에 대한 결과로서 받는 행복과 이

익. 복스러운 공덕. 가치 있는 행위, 법法을 행하여 생기는 좋은 결과.

* 공덕功德: 좋은 일을 쌓은 공功과 불도佛道를 수행한 덕德을 말한다. 복덕과 같은 뜻으로 쓰인다. 『금강경』에는 공덕과 복덕이라는 말이 30회나 나온다.

더 들여다보기

*양梁 무제武帝의 무공덕無空德 이야기

달마대사(?~ 528)는 중국 선종의 초조이다. 달마대사가 520년에 양나라 무제를 만나 나눈 대화 내용은 유명한 이야기로 전해오고 있다.

양 무제는 절도 많이 짓고, 승려도 많이 양성한 불심이 돈독한 황제였다. 자신의 불심佛心과 불사佛事 보시의 공덕을 자랑하고 싶은 무제가 달마대사에게 물었다. 달마대사는 "그런 불사는 전혀 공덕이 될 수 없습니다. '무공덕'입니다." 하고 대답하였다.

『금강경』에서는 삼천대천세계에 칠보를 가득 채워 보시해도 청정한 마음이 없이 자랑하거나 조건을 요구한 보시의 공덕은 아주 적다고 하였다. 조건이나 집착하는 마음이 없이 베푸는 무주상無住相 보시의 공덕이 한량없이 큼을 강조하고 있다.

달마대사는 왜 무제에게 공덕이 하나도 없다고 했을까? 여기에 의문을 가지고 참선할 때 참구參究하는 화두공안으로 삼는 '무공덕無功德'은 유명하다.

8-2 『금강경』의 사구게를 다른 사람에게 설해준 복덕은?

❀

부처님께서 말씀하셨다.

"만약 어떤 사람이 이『금강경』가운데 4구절 게송(사구게) 하나만이라도 다른 사람에게 설명해준다면 그 복덕이 삼천대천세계에 칠보를 가득 채워 보시한 복덕보다도 많고 크다.

왜냐하면 모든 부처님이 설한 최고의 깨달음(아뇩다라 삼먁삼보리)이 모두 이 경전에서 나오기 때문이다."

🐚 해설

남에게 베풀어준 물질적인 보시의 복덕도 크지만 가장 큰 복덕은 부처님이 설한 진리의 말씀이 담긴『금강경』의 사구게 한 구절이라도 설명해준 사람의 복덕임을 밝히고 있다. 법시法施의 복덕이 최고이다.

그 이유는 모든 부처님과 깨달음이 바로『금강경』의 반야지혜인 공空에 대한 이해에서 비롯되기 때문이다. 『금강경』 사구게가 바로 부처의 어머니인 불모佛母이기 때문이다. 『금강경』은 '불모경佛母經'이요, '지혜경'이다.

*사구게四句偈: 사행시四行詩, 사구四句로 된 게송偈頌. 해당 경전의 핵심을 사구四句로 나타내는 불교 경전의 구성 형식 가운데 하나. 『금강경』에는 사구게라는 단어가 6회나 나오는데, 사구게를 남에게 설법해주는 공덕이 수많은 부처님께 공양하는 공덕보다 훨씬 큼을 강조하고 있다.

더 들여다보기

『금강경』은 사구게의 공덕에 대하여 다음과 같이 여러 분分에서 설하고 있다.

'제8 의법출생분'에는 "금강경 사구게 하나만이라도 다른 사람에게 설명해준다면 그 복덕이 삼천대천세계에 칠보를 가득 채워 보시한 복덕보다도 많다. 왜냐하면 모든 부처님이 설한 최고의 깨달음이 모두 이 경전에서 나오기 때문이다."라고 하였다.

'제11 무위복승분'에는 "갠지스강의 모래 수만큼의 삼천대천세계에 칠보를 가득 채워 보시한 복덕보다도 『금강경』 사구게만이라도 받아 지니고 다른 사람을 위하여 설명해준 사람의 복덕이 더 뛰어나다."고 하였다.

'제12 존중정교분'에는 "수보리야, 『금강경』 사구게만이라도 설해지는 장소 어디든지 모든 세상의 인간과 천신들이 마땅히 공양할 부처님의 불탑佛塔임을 알아야 한다. 이 경 전체를 받아 지니고 읽고 외우는 사람은 가장 높고 가장 경이로운 법(진리)을 성취할 것이다. 이와 같이 『금강경』이 있는 곳은 부처님과 존경받는 제자들이 함께 계시는 곳이다."라고 하였다.

'제13 여법수지분'에는 "금강경 사구게만이라도 받아 지니고 다른 사람을 위하여 설명해준다면 이 복이 저 복보다 더 많다."고 하였다.

'제24 복지무비분'에는 "수보리야, 삼천대천세계에 있는 산들의 왕인 수미산만큼의 칠보를 가지고 보시하는 사람이라고 할지라도 『금강경』 사구게를 받아 지니고 읽고 외워 다른 사람을 위하여 설명해준 사람의 복덕에 비하면 백천만억분의 일에도 미치지 못한다."라고 하였다.

『금강삼매경』에는 "이 경전을 듣거나 4구의 게송 한 수만을 받아 지녀도 이 사람은 곧 불지佛智의 경지에 들어가서 방편으로 중생을 교화할 수 있으며, 일체 중생을 인도하는 위대한 선지식이 될 수 있다."고 하였다.

『금강경』을 수지독송한 공덕이 나타난 내용은 다음과 같다.

'제14 이상적멸분'에는 "부처님, 만약 어떤 삶이 이 『금강경』을 듣고 믿음이 청정해지면 바로 궁극적 지혜가 일어날 것이니, 이 사람은 가장 경이로운 공덕을 성취할 것임을 알아야 합니다." (……) "미래 오백 년 뒤(말세)에도 어떤 중생이 이 『금강경』을 듣고 믿고 이해하고 받아 지닌다면 이 사람은 가장 경이로울 것입니다." (……) "수보리야, 미래에 착한 아들딸들이 이 『금강경』을 받아 지니고 읽고 외운다면 여래如來는 부처의 지혜로 이 사람들이 모두 한량없는 공덕을 성취하게 될 것임을 다 알고 다 본다."고 하였다.

'제15 지경공덕분'에는 "수보리야, 착한 아들딸들이 아침·점심·저녁에 갠지스강의 모래 수만큼 자신의 몸을 한량없는 시간 동안 보시한 것보다 이 『금강경』의 말씀을 듣고 비방하지 않고 믿는 사람의 복덕이 더 뛰어나다. 하물며 『금강경』을 베껴 쓰고(사경), 받아 지니고(수지), 읽고 외우고(독송), 다른 사람에게 설명해주는(위타인설) 공덕은 헤아릴 수 없고 말할 수 없으며 한없고 생각할 수 없는 공덕을 성취할 것이다. 이와 같은 사람은 부처의 가장 높고 바른 깨달음을 감당하게 될 것이다. …… 수보리야, 『금강경』이 있는 곳은 어디든지 모든 세상의 인간과 천인들에게 공양을 받을 것이다. 이곳은 바로 불탑佛塔이 되리니, 모두가 공경하고 예배하고 돌면서 그곳에 여러 가지 꽃과 향을 뿌릴 것임을 알아야 한다."고 하였다.

_9 성자가 스스로 성자의 경지를 얻었다고 자랑하면 안 된다

"수보리야, 어떻게 생각하느냐? 수다원이 스스로 생각하기를 '나는 수다원의 경지를 얻었다.'고 할 수 있겠느냐?"
수보리가 대답하였다. "아닙니다. 부처님, 수다원은 '성자의 부류에 들어간 사람(入流)'이란 뜻이지만 들어간 바가 없으며, 형상(色)이나 소리(聲)나 냄새(香)나 맛(味)이나 감촉(觸)이나 마음의 대상(法)에 들어가지 않으므로 이를 수다원이라 이름합니다."

"수보리야, 어떻게 생각하느냐? 사다함이 스스로 생각하기를 '내가 사다함의 성인의 경지를 얻었다.'고 하겠느냐?"

"수보리야, 어떻게 생각하느냐? 아나함이 스스로 생각하기를 '내가 아나함의 성인의 경지를 얻었다.'고 하겠느냐?"

"수보리야, 어떻게 생각하느냐? 아라한이 스스로 생각하기를 '내가 아라한의 성인의 경지에 얻었다.'고 하겠느냐?"

초기 부파불교에는 깨달음의 경지에 따른 네 종류의 성현이 있
는데 수다원·사다함·아나함·아라한이다.

수다원은 네 부류의 성자 가운데 첫 번째 단계의 성자로, 눈
으로 보고, 귀로 듣고, 코로 냄새를 맡고, 혀로 맛을 보고, 몸으
로 감촉을 느끼며, 생각을 일으키는데, 대상에 집착하지 않아
휘둘리지 않으니(부동심) 번뇌가 일어나지 않아 성자의 단계에
들어간 것이다.

깨달음이란 무아, 즉 공空의 경계를 체득한 것이다. 공이란
고정화된 관념(상相)이나 실체(아我)를 인정하지 않고 부정한
다. 따라서 그 어떤 것도 얻을 수도 설할 수도 없는 것이다. 수
다원은 무아와 공의 원리를 잘 이해한 성자이므로 번뇌가 일어
나지 않는다. 어떤 환경이나 대상에 마음이 변화를 일으키지 않
는 부동심이다.

보살이나 성현이 스스로 무언가를 깨달았다고 생각한다면
상相에 집착한 것이다. 투철하게 깨닫지 못한 것이다.

물론 보살이 '내가 보살이다' 하고 상相을 내서 거기에 집착
하면 보살이 아니다. 내가 스스로 깨달음을 얻었다는 생각(관
념)을 가지면 보살이 아니다. 상相에 집착하면 이미 보살이 아
니라 중생이기 때문이다. 『금강경』의 말씀이다.

아라한은 소승불교에서 더 이상 수행이 필요하지 않은 무학
無學의 경지인, 최고의 깨달음의 경지이다. 다른 사람으로부터

공양을 받을 만한 최상의 성인이다. 절에 가면 '나한전'이란 법당이 있는데 16나한을 모셔놓은 법당을 뜻한다. '500나한'도 있다. 조선 태조 이성계의 왕사인 무학無學대사의 이름이 여기서 비롯된 것이다. '더 이상 배울 것이 없는 경지'란 뜻과 '배운 것이 없는 무식한 중'이라는 최고의 겸양의 의미를 가진 것이다.

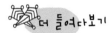 더 들여다보기

* 부파불교의 네 성현

초기불교에서 깨달음을 얻은 성자의 경지로 4단계가 있다.

수다원須陀洹: 범부의 자리를 버리고 처음으로 성인의 세계로 들어간 단계로 '입류入流'라고 한다.

사다함斯陀含: 한 번만 더 이 세상에 환생還生하여 수행하면 깨닫게 되는 사람이란 뜻으로 '일래一來'라고 한다.

아나함阿那含: 번뇌가 끊어져 다시는 이 세상에 윤회하지 않기 때문에 '불환不還, 불래不來'라고 한다.

아라한阿羅漢: 수행이 완성되어 존경을 받을 만한 사람, 공양을 받을 만한 사람이란 뜻이다. 초기불교에서는 최상의 성인의 지위를 나타낸다. 『금강경』에서는 "욕망을 떠난 사람을 아라한이라 한다."라고 하였다. 『장아함경』에는 아라한이 불도를 성취함으로써 얻는 경지를 "모든 번뇌는 이미 다하였고, 청정한 생활은 이미 이루어졌으며, 이루어져야 할 것은 이미 다 이루었고, 다시는 후생後生에서의 몸을 받지 않는다."고 하였다.

* 사다함 이야기

사다함은 신라 진흥왕 때의 화랑으로 16세의 어린 나이에 5천 명의 결사대를 이끌고 가야와의 전쟁에 참전하여 승리하였다. 친구 무관랑과 '한날한시에 죽기로 맹세'한 약속을 지키기 위하여 무관랑이 죽자 이를 슬퍼하며 7일 만에 죽은 유명한 우정의 일화가 『삼국유사』에 전해오고 있다. 『화랑세기』에는 미실의 연인으로 기록되어 있기도 하다.

10-1 진정한 불국토의 장엄은 청정한 마음

부처님께서 수보리에게 말씀하셨다.
"수보리야, 너의 생각은 어떠하냐? 보살이 불국토를 아름답게 장엄하였느냐?"
수보리가 대답하였다. "아닙니다. 부처님, 왜냐하면 불국토를 장엄하게 한다고 하는 것은, 장엄하게 함이 없기 때문에 그 이름을 장엄하다고 하는 것입니다."

 해설

불국토를 장엄한다는 뜻은 수행을 통하여 정토를 건설하고 보살도를 성취한다는 의미다.

『금강경』이 여타의 경전과 다른 가장 큰 특징은 언어 논리가 독특하다는 점이다. 즉, "A는 A가 아니기 때문에 A이다."라는 '즉비卽非 … 시명是名의 논리'이다.

이 논리를 이해하는 것이 『금강경』의 전체 내용을 이해하는

데 지름길이다. 하지만 일반인의 일상적인 논리가 아니기 때문에『금강경』의 이 모순된 논리의 언어구조를 이해하기 어렵다.

지안 스님은『조계종 표준 금강경 바로 읽기』에서 다음과 같이 '즉비卽非'에 대하여 설명하고 있다.

"일본의 불교학자인 스즈키 다이세쓰(鈴木大拙)는『금강경』의 사상을 '즉비사상卽非思想'이라고 표현하였다. '무엇이 무엇이 아니고, 이름이 무엇이다'는 논리는『금강경』전문에 걸쳐 여러 차례 나온다.

'중생이 중생이 아니라 이름이 중생'이라는 등의 표현이 곧 개체적個體的 사물의 이름을 들어 놓고 그것을 부정해 버리는 논리이다. 이를 '즉비사상'이라고 말한다. 이는 역시 겉으로 나타나는 상相을 부정하는 말로 사물에 대한 관념적 고집을 형성하지 못하도록 하는 말이다. 이 세상 모든 것은 실체가 없는 공한 것일 뿐, 어느 것도 무엇이라 규정지을 수 있는 것이 없다는 말이다."

"중생이 중생이 아니라 이름이 중생이다." 이 문장의 논리가『금강경』의 독특한 논리 형식(구조, 사유)인 '즉비卽非 … 시명是名'이다. "A는 A가 아니므로, 이를 A라고 이름한다."는 어법語法으로, 부정을 통한 강한 긍정을 나타낸다.『금강경』전체 본문 중에서 30여 회가 사용되는 중요한 표현 방법이므로『금강경』

을 이해하기 위해서는 필수적으로 '즉비 … 시명'의 논리구조를 이해해야 한다.

『화엄경』에 "마음과 부처와 중생, 이 셋은 아무런 차별이 없다."고 하였다. 즉 중생은 본래가 부처이다. 따라서 중생이 아니다. 중생이라고 이름(명칭)을 붙여서 우리가 중생이라고 부르는 것이다. 자기 자신이 중생이라고 착각하는 이는 중생이고, 자기 자신이 본래가 부처인 것을 깨닫는 이는 중생이 아니라 부처인 것이다.

『금강경』 사상은 중생이 부처임을 선언하고, 스스로 중생이라고 고집하고 착각하는 무서운 상(相: 고착화된 관념)을 깨부수는 경전이다. 사상四相과 사견四見을 타파하고 무아無我, 즉 공空의 지혜(반야지혜)를 깨닫도록 이끌기 위하여 우리가 일반적으로 이해하고 있는 형식논리(A는 B이다. B는 C이다. 그래서 A는 C이다)에 벗어난 모순논리를 동원한다. 이는 우리의 뇌 속에 굳게 고정화된 생각을 전환시키기 위해 『금강경』에서만 통용하는 독특한 논리이다. 따라서 『금강경』의 사상을 이해하려면 말이 안 되는 이 모순논리를 받아들이고 이해하는 훈련이 필요하다.

아상我相과 아집我執으로 뭉친 어리석은 중생은 스스로 부처라는 생각을 감히 할 수가 없다. 그래서 『금강경』에서 금강석과 같은 굳세고 예리한 반야지혜로 고착화된 생각(四相)을 깨부수는 길을 제시한 것이다. 반복해서 같은 내용을 설하고 또 설하는 이유가 여기에 있다. 인간은 자신이 알거나 믿고 있는 생각을 바꾸지 않으려는 습성이 있다. 항상 자기 생각이 옳다고 믿고 있다.

 용어풀이

* 불국토佛國土: 부처님의 나라, 부처님이 계시는 나라, 극락정토를 이르는 말. 깨달음을 얻으면 부처가 되므로 깨달음의 세계를 뜻하기도 한다. 기독교로 말하면 천국에 해당되는 용어.

* 정토淨土: 불국토를 이르는 말. 부처와 보살이 머무는 세계. 번뇌가 없는 청정한 세계를 정토라고 하고, 중생이 사는 더러움으로 오염된 세계를 예토穢土라고 부른다.

* 유심정토唯心淨土: 불국정토는 오직 내 마음속에 있을 뿐 마음 밖에는 없다는 주장. 마음이 평안하면 정토요, 불안하고 괴로우면 지옥이다.

* 장엄莊嚴: 경건하고 엄숙하게 꾸미고 장식한다는 말. 불국토를 장엄한다는 뜻은, 보살이 수행을 통해 복덕과 지혜로 자신의 몸을 꾸며서 아름다운 세상을 만든다는 의미다.

 보충하기

* 지상불국정토사상: 신라 때 자장율사, 의상대사 등에 의해서 형성된 사상으로 신라국이 바로 부처님 나라, 즉 불국토佛國土라는 주장이다. 극락정토가 사후에 가는 곳이 아니라 바로 우리가 살

고 있는 이 현실세계가 바로 정토임을 강조한 사상이다.

신라 땅이 바로 지상불국정토임을 역설하여, 오대산은 문수보살이 거처하는 정토이고, 동해 낙산사는 관세음보살이 상주하는 정토라고 하였다. 불국사의 청운교·백운교, 다보탑·석가탑, 대웅전·극락전·비로전 등이 부처님 나라, 곧 현세에 지상불국정토를 구현하기 위하여 설계되었다.

10-2 머무는 마음이 없이 그 마음을 내라

"수보리야, 큰 보살은 반드시 이와 같이 청정한 마음을 내야 한다. 마땅히 형상(色)에 집착하여 마음을 내지 말며, 소리(聲)에 집착하여 마음을 내지 말며, 냄새(香)에 집착하여 마음을 내지 말며, 맛(味)에 집착하여 마음을 내지 말며, 촉감(觸)에 집착하여 마음을 내지 말며, 관념(法)에 집착하여 마음을 내지 마라. 반드시 머무는 마음이 없이 그 마음을 내라."

해설

여기의 '반드시 머무는 마음이 없이 그 마음을 내라(應無所住 而生其心)'는 말은 유명하다. 『금강경』의 내용을 한마디로 요약한 말이다. 인간의 모든 번뇌와 괴로움은 욕심, 즉 집착하는 마음에서 비롯된다. 집착하는 마음이 없는 것이 자유이고 해탈이다. 지난날의 경험이나 생각에 집착하는 것이 편견이고 선입견이다. 이런 마음 때문에 현상과 사건의 진실과 실상을 올바로 보지 못하고 그릇되게 판단한다. 그래서 문제가 발생하고 고통이 생기게 된다.

집착하는 마음이 없어서 마음이 맑고 청정하면 반야지혜가 밝아져서 사물을 올바로 보고 판단하는 정견正見, 즉 깨달음을 얻게 된다.

중국 선종의 완성자라고 할 수 있는 6조 혜능대사가 『금강경』의 이 구절을 듣고 발심하고 출가하여 깨달음을 얻은 일화는 유명하다. 그의 설법집인 『육조(법보)단경』은 부처님이 설하신 경전만큼 권위를 가진 경전이 되었는데, 그 내용은 『금강경』의 해설서라 할 수 있을 정도로 전체가 『금강경』의 무아(무상) 사상을 다루고 있다.

 보충하기

＊나무꾼 혜능대사의 이야기

중국 선종의 6대 조사祖師 혜능(慧能, 638~713)은 일찍이 아버지를 여의고 땔나무를 팔아 어머니를 모시고 살았다. 어느 날 시장에서 『금강경』의 "마땅히 집착하는 마음이 없이 마음을 내라(應無所住而生其心)."는 구절을 듣고 마음의 문이 열려 기주의 동산사를 찾아가 5조 홍인弘忍대사로부터 깨달음을 전수받았다.

이것이 전통이 되어 중국과 우리나라 선종불교는 『금강경』을 소의경전(교과서)으로 삼아 수행하고 있다.

10-3 수미산의 비유

"수보리야, 비유하건대 어떤 사람의 몸이 수미산만큼
크다면 그 몸이 크다고 할 것이냐, 크지 않다고 할 것
이냐?"
수보리가 대답하였다. "매우 큽니다. 부처님, 왜냐하면
부처님께서는 몸(色身)이 아닌 것(法身)을 이름하여 큰
몸이라 하셨기 때문입니다."

해설

수미산은 산 가운데 왕으로써 가장 큰 산이므로 이 수미산에
비유하여 부처님의 법신法身이 매우 큼을 말한 것이다. 법신은
형상도 없고 크기도 없는 진리의 몸이다. 크기를 규정할 수 없
으므로 아주 크다고 한 것이다.

부처님은 어떤 모습일까? 사람과 같은 모습일까? 궁금하다.

신神은 어떤 모습일까? 사람의 모습일까? 사람의 모습이라면

백인일까, 흑인일까? 궁금하다.

부처님의 모습을 32상(色身)이라고 한다. 그 중 하나로, 부처님의 키는 보통사람보다 2배나 크므로 장육신상丈六身相이라 한다. 보통사람은 8척인데 부처님은 그 2배로 16척, 즉 1장6척一丈六尺이므로 장육상이라 부른다.

용어풀이

*수미산: 불교에서 우주의 중심에 있는 가장 높은 산. 그 꼭대기에 제석천이 있다. 산 중의 왕인 '수미산의 비유'는 부처님의 법신法身이 한량없이 큼을 강조한 것이다.

11 『금강경』을 전파하는 복덕이 최고다

부처님께서 수보리에게 말씀하셨다.

"만약 어떤 착한 사람(선남자·선여인)이 『금강경』 가운데 한 구절(사구게)이라도 받아 지니고서, 그것을 다른 사람에게 설명해준다면 그 복덕은 칠보로써 갠지스강의 모래알만큼의 삼천대천세계를 가득 채워서 보시하는 것보다 크니라."

해설

『금강경』의 공덕은 전편에 걸쳐 29회나 반복, 강조되고 있다. 법정 스님은 도올 김용옥의 『금강경 강해』서문에서 "동서고금을 가릴 것 없이 많은 수행자들이 이 『금강경』을 통해서 깨달음을 이루었다. 그래서 선종禪宗에서 일찍부터 이 경전을 소의경전所依經典으로 삼았다."고 하면서 『금강경』이 누구나 깨달음을 얻어 부처가 되는 불모경佛母經이라고 하였다.

『금강경』이나 사구게 하나라도 받아 지니거나 다른 사람에게 설명해준다면 그 어떤 보시 공덕보다도 큰 공덕을 쌓는 것이라고 강조하는 대목이다. 즉 금강경은 '공덕경'이다.

용어풀이

* 항하恒河: 인도문명의 발상지인 갠지스강을 한자로 번역한 것. 중국문명의 발상지는 황하黃河이다.『금강경』에서 '항하의 모래 비유'는 12회가 나온다.

─12 경전이 있는 곳이 부처님이 계신 곳이다

"수보리야, 이 경전을 설하되, 한 구절(사구게)이라도 설명하는 곳은 일체 세상의 사람 등이 마땅히 공양 예배하는 부처님의 사리를 모신 불탑과 같다. 하물며 어떤 사람이 이 경전을 잘 지니고 독송함이겠는가.
수보리야, 마땅히 알아라. 이 사람은 제일 희유한 법을 성취할 것이다. 이 경전이 있는 곳이면 곧 부처님과 그의 제자들이 있는 곳과 같으니라."

해설

『금강경』을 잘 지니고 독송하는 공덕과 전파하는 공덕이 부처님이나 부처님의 사리舍利를 모신 불탑의 공덕과 동일함을 밝히고 있다. 나아가 경전 자체를 모시는 공덕 또한 크다는 것을 밝히고 있다. 삼보三寶 가운데 법보法寶, 즉 경전을 잘 모시고 전파하는 공덕은 부처님을 모시는 공덕과 같다. 경전의 내용이 부처님께서 깨달음을 얻은 진리의 말씀이기 때문이다.

*공양供養: ①공경하는 마음과 정성스러운 마음을 다하여 불·법·
승 삼보三寶나 조상·웃어른들께 음식이나 꽃과 향, 재물을 바치
는 일. ②각종 의식을 거행한 후에 참석자들이 음식을 먹는 일.

*불탑佛塔: 부처의 사리(유골)를 모신 탑. 탑은 범어 stupa(스투파)
의 음역音譯이다. 원래는 부처의 사리를 묻고, 그 위에 돌이나 흙
을 높이 쌓은 무덤, 또는 묘廟를 가리킨다. 탑묘塔廟라고도 부른다.
승려의 유골(사리)을 모신 탑은 승탑僧塔이라 하여, 부처님의 사
리를 모신 불탑과 구분하여 부른다.

13-1 금강반야바라밀경의 경전 이름

수보리가 부처님께 여쭈었다.
"부처님, 이 경전의 이름을 무엇이라 부르며, 우리들은 어떻게 받들어 지녀야 합니까?"
부처님께서 수보리에게 말씀하셨다.
"이 경전의 이름을 '금강반야바라밀경'이라 하라. 이 이름으로써 너희들은 받들어라."

해설

금강은 가장 단단한 광석인 금강석, 반야는 지혜, 바라밀은 '피안에 이르다, 완성을 향해 나아가다'의 뜻이 있다. 따라서 금강반야바라밀경金剛般若波羅密經은 '다이아몬드와 같이 굳센 지혜로 번뇌를 깨부수고 열반의 세계로 나아가게 이끌어주는 부처님 말씀'이라 하겠다.

누차 얘기한 대로, 경전의 핵심 내용은 세상의 모든 것은 물거품처럼 실체實體가 없고 자성自性이 없는 무자성, 즉 공空이며 무아無我의 상태임을 설한 것이다.

앞서 말했다시피 당나라 때 중국 선종의 6대 조사인 혜능이 『금강경』의 "마땅히 머무는 바가 없이 그 마음을 일으켜야 한다(應無所住 而生其心)."는 문구에서 깨달음을 얻은 이후 선종의 소의경전이 되었다. 우리나라에서도 조계종의 중흥조인 보조 지눌知訥이 『금강경』을 중요시하여 현재 대한불교조계종의 소의경전(교과서)이 되어 한국불교에서 가장 중요하고 영향을 크게 미치는 경전이 되었다.

13-2 부처님께서는 설하신 바가 없다

> "수보리야, 너의 생각은 어떠하냐? 여래(부처님)가 진
> 리(법)를 설한 바가 있느냐?"
> "부처님, 여래께서는 설하신 진리(법)가 없습니다."

해설

부처님께서는 '이것만이 진리(법)다'고 설하시지 않았다. 고정
화된 법을 말씀하지 않았다.

부처님이 설하신 진리는 우주의 만법萬法과 중생 교화와 부
처의 깨달음에 이르는 대도大道이다. 따라서 온 우주와 모든 중
생을 포용한다. 어떤 때는 긍정하기도 하고, 어떤 때는 부정하
기도 한다. 고정적으로 정해진 법칙이 없다.

그래서 깨달음을 얻은 부처나 보살은 마음을 쓰고 설법을 함
에 있어서 기묘한 작용(妙用)이 이루어진다. 억지로 말하거나
행동하지 않아도 자연스럽게 법도에 어긋남이 없는 무위법無爲

法이 이루어진다.

　이것이 무위법에 사는 성인과 유위법에 사는 중생이 다른 점이다.

*무설전無說殿: 사찰에서 볼 수 있는 법당 전각 중 하나. 언어로 설법이 이루어지는 곳임에도 '설법이 없는 곳, 즉 무설전'이라고 한 것은 진리의 본질이 언어를 통해서 도달할 수 없는 언어도단言語道斷의 경지에 있음을 표현한 것이다. 불국사 무설전이 유명하다. 의상대사가 이곳에서 『화엄경』을 강의하였다.

13-3 삼십이상으로 부처를 볼 수 없다

"수보리야, 너는 어떻게 생각하느냐? 삼십이상三十二相
으로 부처님을 볼 수 있느냐, 없느냐?"
수보리가 대답하였다. "볼 수 없습니다. 부처님, 삼십이
상으로는 부처님을 볼 수가 없습니다. 왜냐하면 부처님
께서 설하신 삼십이상은 곧 형상(相)이 아니라 그 이름
이 삼십이상이기 때문입니다."

해설

32상은 부처님의 32가지 신체적 특징을 말한다. B.C. 624년 인
도 카필라국에서 태어나 깨달음을 얻어 불교를 창시하신 석가
모니 부처님은 우리 인간의 형상과 똑같은 모습이었다. 부처님
은 중생을 구제하기 위하여 인간의 모습으로 화현化現한 화신
불化身佛이다.
　부처님이 위대한 이유는, 그 분이 깨달음의 진리를 통하여 어

리석은 중생의 고통을 없애주었기 때문이다. 우리에게 진짜 중요한 것은 껍데기 육신의 부처님보다는 깨달음의 진리이다. 그 진리는 형상이 없다. 그래서 법신불이라고 부른다.

형상이나 음성으로는 부처를 볼 수 없다고 하였다. 화신불化身佛로는 참부처를 볼 수가 없다. 참부처인 법신불法身佛은 어떻게 볼 수 있는가? 부처님의 설법을 담은 대장경의 내용이 문자반야文字般若로서 부처의 참모습인 법신法身이다.

『화엄경』에는 "중생의 마음이 부처이다."라고 하였다. 『마조어록』에는 "내 마음이 부처이다. 바로 이 마음이 부처이다."라고 설하고 있다. 임제선사의 『임제록』에는 "밥을 먹을 때도 함께 있고, 똥을 쌀 때도 항상 내 곁에 있으며 작용하는 이 마음(그놈)이 바로 우리가 그토록 찾는 부처이다."라고 설파하였다. 형상이 없으니 볼 수가 없구나.

14-1 수보리의 눈물

수보리가 부처님께서 금강경을 설하시는 것을 듣고, 그 뜻을 깨달아 눈물을 흘리면서 말하였다.
"부처님, 부처님께서 설하신 심오한 금강경은, 제가 옛날부터 얻은 혜안으로도 일찍이 이와 같은 경전을 듣지 못하였습니다."

해설

수보리가 부처님께서 『금강경』을 설하시는 것을 듣고 감동하여 눈물을 흘리고 있다. 『금강경』은 벼락·천둥과 같은 지혜로서 기존의 그릇된 관념을 모두 깨부수고 새로운 생각으로 사물을 보고 살아가야 함을 설파한 경전이다. 『금강경』은 석가모니 부처님께서 최초로 녹야원에서 설한 네 가지 성스러운 진리(四聖諦)나 쾌락과 고행을 떠난 중도中道의 진리를 설한 초기경전(『아함경』)의 내용과는 차원이 다른 경전이다.

『금강경』은 겉으로 드러난 형상에 얽매여 의지하고 사는 사람들에게 그것은 허상이고 환상이고 허깨비처럼 잠시 나타났다가 사라질 허망한 것이라고 설하고 있기 때문에, 그 법문을 듣고 세상은 무상하고 허망하다고 허무주의에 빠질 사람도 있고, 전적으로 부정하고 수용을 거부하는 사람도 있을 수 있다. 그러나 수보리는 무아無我의 이치를 깨달았기 때문에 부처님의 설법을 듣고 감동하여 지금까지 듣지 못했던 수승한 진리라고 눈물을 흘리면서 부처님을 찬탄하고 있다.

『금강경』은 겉모습인 형상에 속지 말라는 가르침이다. 부처님의 32상의 신체 모습도, 인간의 몸도, 오온(五蘊: 색色·수受·상想·행行·식識)이 잠시 인연 따라 모습을 나타냈다가 수명이 다하면 흙으로 물로 불로 바람으로 흩어져 우주 자연으로 사라지고, 정신작용도 모두 소멸하고 만다는 주장이다. 물론 사상가의 정신세계는 책으로 기록되어 상당 기간 보존되고 계승되겠지만, 모든 사물은 자신의 고유한 성질이나 실체가 없기 때문에 영원히 계속될 수가 없다. 이것은 과학이고 진리이다.

용어풀이

*혜안慧眼: 지혜의 눈. 깨달음을 얻은 후 지혜를 통하여 사물을 보고 판단할 수 있는 능력을 가진 눈. 법안法眼도 불안佛眼도 모두 혜안의 한 종류이다.

14-2 『금강경』을 읽고 신심이 청정해 지면 참된 경계를 볼 수 있다

"부처님, 어떤 사람이 이 금강경을 읽고 신심이 청정해 지면 곧 참된 경계(實相)가 나타납니다. 이 사람은 반드 시 희유한 공덕을 성취하게 됩니다.
부처님, 이 실상實相이라는 것은 곧 상相이 아니기 때문 에 부처님께서 실상이라고 설명하셨습니다."

해설

사물의 참모습, 즉 실상實相을 보려면 지혜의 눈이 열려야 한다. 그래서 모든 물체가 실체가 없다는 공空의 이치를 깨달아 허상 假像임을 알아야 한다.

지혜가 없는 사람은 눈앞의 사물만 바라보고 판단하지만, 지 혜의 눈이 열린 사람은 먼 산에서 연기가 오르는 모양만 보아 도 불을 보고, 담장 위의 소뿔만 보아도 담장 안쪽의 소의 모습 을 볼 수 있다.

겉모습만 보고 거기에 집착해서 생각하고 판단하는 어리석음을 일깨워주기 위하여 『금강경』이 출현하였다. 현상세계에 존재하는 모든 물질은 영원하지 않다. 자신의 고유한 성질(自性)이 없이 여러 가지 요소들이 인연 따라 모여서 잠시 모습을 나타냈다가 인연이 끝나면 자연 속으로 다시 소멸되어 되돌아가 버린다.

무아無我요, 공空의 상태이다. 허망하고 덧없는 것들이다. 이것들에 애착을 해서 아무리 연연해 봐야 고통뿐이다. 인생 또한 무상한 것이다.

『금강경』을 읽고 이해하여 공의 이치를 깨달으면 새로운 눈이 열려서 부처와 보살이 성취하는 지혜와 공덕을 얻게 된다.

*실상實相: 실제의 모양이나 내용. 본체. 진상眞相.

*허상虛像: 광선이 거울이나 렌즈에 의해 발산할 때, 그 발산되는 반대 방향으로 연장하여 이루어지는 가상적인 상像. 어떤 사람이나 물체의 참모습과는 다른, 다른 것에 의해서 만들어진 이미지.

*비상非相: 상이 아님. 허상虛像.

* 즉卽: '~이 곧 ~이다'의 뜻. '즉'은 동일성同一性을 나타낸다. 『반야심경』에 나오는 "색이 곧 공이요, 공이 곧 색이다: 색즉시공色卽是空 공즉시색空卽是色"처럼 불이不二를 나타내는 불교 문장의 특성 중 하나이다. 화엄종에 상즉相卽의 논리가 많이 사용되고 있다. "하나가 곧 여럿이고, 여럿이 곧 하나이다: 일즉다一卽多 다즉일多卽一."

* 즉비卽非의 논리: 일본의 스즈키 다이세쓰(鈴木大拙, 1870~1966)는 『금강경』의 "세계즉비세계世界卽非世界 시명세계是名世界"에서 즉비의 논리를 발견하여, 동일률同一律이 떠나가지 않는 장소야말로 진실한 세계라고 본다. 『금강경』에서 역설적인 표현과 부정의 표현은 강한 긍정을 목표로 함을 이해해야 한다.

* 상(相, 산냐)과 공空
『금강경』은 '산냐(相)'를 금강석과 같은 반야공의 지혜로 깨부수는 경전이다. 어떻게 번뇌를 능히 깨부수고, 자신의 참된 모습을 바라볼 수 있는가?
'나라고 할 수 있는 고유하고 독자적인 실체나 성품이 없는 나(無我)'가 나의 참모습이다. 나는 없다. 현재 현상세계에 존재하고 있는 모습은 인연 따라 나타났다가 소멸하게 될 허망한 껍데기에 불과하다. 이것이 공空의 세계이고, 불교의 진리관이다. 공의 진리를 이해하지 못하면 대승불교 경전이나 교리, 특히 『금강경』은 전혀 이해할 수 없다.
서양 사람들은 내 몸과 마음속에 영원한 영혼이 있다고 생각해서

'영성靈性'이니, '성령聖靈'이니 그렇게 이름을 붙여서 사람이 죽어도 하늘나라에서 영생한다고 주장한다.

부처님 당시 인도 사상가들도 영혼(我)이 있어서 죽지 않고 영원히 산다는 상주론常住論을 주장하는 학파와 죽으면 그대로 끝이라고 주장하는 유물론자의 단멸론斷滅論이 있었다.

부처님의 주장은 상주론이나 단멸론이 아니라 중도적中道的인 연기론緣起論이다. 인간의 몸과 생명은 삶과 죽음이 없는 불생불멸이고, 오고 감이 없는 불거불래不去不來이고, 늘어나고 줄어듦이 없는 부증불감不增不減으로, 인연 따라 생겨났다가 소멸한다는 무아無我요, 공空이요, 중도中道요, 연기緣起 사상이다.

실체가 없는 내가 묘하게 인연 따라 나타났다가 인연이 끝나면 소멸하는 것을 반복한다. 이것이 윤회輪廻이다.

예를 들면, 본래는 불이 없었는데 마른 나무를 문지르면 없던 불이 나타난다. 종소리도 본래 없다가 종과 추(방울)가 접촉하면 소리가 생겨난다.

우리의 몸과 마음도 그렇게 본래 없던 것이 인연 따라 몸을 이루고, 또 그 속에서 마음이 머물다가 묘하고 신령스럽게 마음의 작용을 일으킨다. 인연이 다하면 자연과 허공 속으로 사라진다. 또 인연이 잘 화합이 되면 생겨났다가 소멸함을 되풀이 한다.

본래 독자적인 성품이나 실체가 있다면 영원히 존재할 뿐만 아니라 다른 생명체와 혼합하여 새로운 종의 생명체를 만들어낼 수 없다. 이 세상에 존재하는 모든 것은 독자적으로 존재하지 않는다. 인연화합체일 뿐이다.

그러나 불교의 구도자들은 실체가 없는 마음을 찾으라고 하고,

그것이 진짜 나의 주인이라고 주장하고, 그것을 찾으면 부처가 된다(成佛)고 한다.

실체가 없이 묘하고 신령스럽게 나를 움직이는 주인에게 억지로 이름을 붙여서 '불성', '자성', '진여', '주인공', '한 물건(無一物)' 등이라 하였다. 이러한 것들은 이름(명칭)일 뿐이지 실체가 없는 가상의 것이다. 실체가 없이 겉모습으로 나타나 있는 사물들도 가상체假像體일 뿐이다.

사람들은 마음속에 영원한 내가 있다고 생각하고 믿으니 안심이 되어 죽음의 두려움에서 벗어난 듯하였으나, 오히려 자신에 대한 애착과 집착이 생겨나서 온갖 괴로움이 발생하게 되었다. 이것이 『금강경』에서 강조하고 있는 '산냐(상)'이다. 이런 상을 깨부수면 새로운 지혜가 열리고, 부처가 된다.

'산냐 집착증'이 우리 뇌 속에 저장된 잘못된 정보인 선입견, 편견, 사견, 그릇된 관념 등이다. 이런 산냐가 진실과 실상을 바로 볼 수 없도록 방해하는 병든 관념이다.

그래서 사람들은 "인간이 만물의 척도이다."라고 하는, 인간 중심의 우월주의적 사고인 인상人相에 빠져 있다. 자신이 보고 싶은 것만 보고, 보고 싶은 대로 본다. 사람은 아는 만큼만 보인다는 편견과 선입견을 가지고 있다. 이런 고착화된 사고에 젖어 있으면 절대로 진리와 진실을 발견할 수 없다. 영원히 어리석은 중생이다.

『금강경』은 이런 그릇된 고정관념인 상相을 깨부수고 떠나는 파상경破相經이고 이상경離相經이다.

과학이 발달하기 전인 3천 년 전의 사람들은 현상으로 나타난 유

(有: 형상으로 나타난 존재)만을 인정하고 믿었다. 부처님은 실제로 존재하지 않는 신이 있다고 믿고 맹신하는 유신론有神論을 부정하였다. 범부 중생이 무형의 세계나 공(空: 非無·非有의 세계)의 세계를 이해하는 것은 참으로 어려운 일이다. 흑백논리에 젖어 있는 현대인은 더더욱 그렇다.

14-3 일체의 형상을 여읜 것을 부처라 한다

> "부처님, 일체 모든 형상을 여읜 것을 부처라 합니다."

해설

형상(相)을 떠나면 부처가 된다. 이상불離相佛이다. 즉, 깨달음을 얻는다는 뜻이다. 상을 떠난다는 말은, 형상이 있는 모든 사물은 지수화풍地水火風 사대四大가 잠시 인연화합으로 형상을 보이다가 인연이 끝나면 형상이 없는 비상非相의 상태로 돌아간다는 뜻이다. 즉, 실체가 없는 무아無我의 상태, 곧 공空의 상태가 된다는 뜻이다.

이 공, 즉 무아 사상이 『금강경』의 핵심 사상이고 『반야경』 600부의 중심 사상이다. 무아의 진리를 깨달아 얻은 지혜를 반야般若지혜라고 한다. 반야지혜가 깨달음이다. 공의 이치를 깨달으면 부처가 된다. 그래서 공왕불空王佛이라고 한다.

부처가 되는 길은, 겉으로 드러난 형상이 실체가 없는 허상임을 깨닫고 거기에 집착하지 않으면 된다.

용어풀이

＊이상離相: 상을 떠남.

상相은 불교에서, ①외부: 눈에 보이는 겉으로 드러난 형상, ②내부: 대상에 대한 고정화된 이미지(관념)를 뜻한다. 이 상이 우리가 진리나 사물을 보고 판단하는 데 장애를 일으킨다. 집착된 정보, 즉 선입견과 편견, 사견 등이다.

『금강경』은 상에 집착하면 중생이고, 벗어나면 부처라고 정의하고 있다. 상을 깨면 부처가 된다(破相佛). 임진왜란 때 승병을 일으켜 활약한 사명대사의 호가 이환離幻이다. 환幻, 즉 허깨비를 떠난 사람, 환상幻相을 떠나 깨달음을 얻은 사람이란 뜻이다.

14-4 인욕선인 이야기

"수보리야, 여래가 설하기를 '인욕바라밀은 인욕바라밀이 아니라 그 이름이 인욕바라밀'이라고 한다.
왜냐하면 수보리야, 내가 옛날 가리왕에게 신체를 베이고 찢김을 당할 때 나는 그때 내 몸에 대한 애착(아상)이 없었고, 인간으로서 우월감(인상)이 없었고, 스스로 중생이라는 열등감(중생상)이 없었고, 내 목숨이 영원하다(수자상)는 집착이 없었기 때문에 나는 분노와 원망하는 마음을 내지 않고 견딜 수 있었다."

해설

인욕忍辱이란 온갖 모욕과 욕됨을 참고 원한을 일으키지 않는 것을 뜻한다. 인욕행을 실천하면 마음속에 있는 분함, 원망, 노여움 등을 능히 잠재워서 공덕을 얻을 수 있다.

『금강경』에서는 자기의 실체인 영원한 자아가 있다고 생각하는 아상我相 때문에 탐·진·치 삼독심이 일어나므로 무상無相·무아無我·공空의 이치를 깨달아 집착하는 마음(無住心)이 없어지면 깨달음을 얻어 부처가 된다고 설하고 있다.

상(相, 산야)을 떠나고 깨부수면 부처가 된다. 이상불離相佛이고 파상불破相佛이다. 그러면 다툼이 없는 무쟁無諍 아라한의 경지에 이르고, 분노함이 사라져 인욕불忍辱佛이 된다.

석가모니 부처님은 전생에서 수많은 보살행菩薩行을 닦아(因行) 마침내 불과佛果를 성취하신 분이다. 특히나 오백 생生을 인욕선인이 수행한 인욕바라밀을 실천하신 공덕으로 부처가 되신 분이다.

『금강경』에서는 대승 보살이 닦아야 할 여섯 가지 바라밀(보시·지계·인욕·정진·선정·반야) 가운데서 인욕바라밀, 반야바라밀, 보시바라밀을 크게 강조하고 있다. 인욕·보시·반야가 보살이 되고 부처가 되는 필수 요건인 것이다.

인간이 살아가는 사바세계에서 가장 필수적인 요건이 억울함, 욕됨을 참는 인욕행이다. 참지 못하면 살 수 없는 세상이 우리가 살고 있는 세상이다.

이것이 얼마나 중요했으면, 가리왕에게 사지가 찢기는 고통과 억울함을 당하면서도 원망하고 미워하는 마음의 상相에 집착하지 않고 용서하는 자비심을 갖는 인욕선인의 예화를 들어서 인욕의 실천을 강조했겠는가?

*『전생담』에 나오는 인욕忍辱 선인仙人 이야기

석가모니 부처님이 전생에 인욕선인으로 살 때 억울하고 분한 일을 당하고도 잘 참아낸 이야기이다.

가리왕歌利王이란 포악한 왕이 궁녀들을 데리고 산으로 야외놀이를 나왔다가 술에 취해 낮잠을 자는 사이에 궁녀들이 이리저리 산보하였다.

때마침 인욕선인이 수행하는 모습을 본 궁녀들이 거기에 모여 그의 설법을 들었다. 가리왕이 잠에서 깨어나 그 모습을 보고 질투심이 생겨서 수행자에게 시비를 걸었다.

"당신은 무엇 하는 사람이요?"

"나는 아무리 모욕적이고 화가 나는 일이 있어도 잘 참는 수행을 하는 인욕 수행자입니다."

그러자 가리왕은 인욕선인이 얼마나 잘 참는지를 시험하기 위하여 칼을 들어 그의 오른팔을 잘라버렸다. 그래도 인욕선인은 자신의 신체는 본래가 흙이나 물, 불, 바람 등이 잠시 모여서 이루어진 허망한 모습이기 때문에 거기에 집착하는 마음이 없어서 가리왕을 원망하거나 분한 마음이 없다고 말했다. 점점 화가 난 가리왕은 인욕선인의 몸을 난도질을 하였다.

그래도 인욕선인은 조금도 성을 내거나 원망하는 마음을 일으키지 않았다. 석가모니가 전생에 이 인욕선인이었고, 그런 수행을 한 번만 한 것이 아니라 500생 동안을 참고 참는 인욕수행을 한 공덕으로 부처님이 되었다는 이야기이다.

『금강경』에서 강조하는, 보살의 길을 가는 구도자가 실천해야 하는 육바라밀의 수행 덕목은 인욕바라밀과 보시바라밀, 반야바라밀이다. 나가 없다는 무아無我 사상을 바탕으로 집착하는 마음이 없으면 남과 싸우거나 다툼이 없는 무쟁無諍, 즉 평화(열반)가 되는데, 자나 깨나 잘 참고 인욕바라밀을 실천하면 부처가 된다(忍辱佛)는 가르침이다. 인욕은 『금강경』의 최고의 수행론이다.

14-5 부처님의 참된 말

"수보리야, 부처님은 참된 말을 하는 분이요, 실다운 말을 하는 분이요, 있는 그대로 말하는 분이요, 남을 속이는 말을 하지 않는 분이요, 다른 말을 하지 않는 분이다. 수보리야, 부처님이 깨달은 바의 진리(법)는 그 진리가 실다움도 헛됨도 없느니라."

해설

부처님의 말씀은 깨달은 내용을 중생을 위하여 설법하신 진리의 말씀이다. 따라서 부처님 말씀은 거짓이 없는 참된 말씀이요, 실다운 말씀이요, 있는 그대로 남을 속이지 않는 말씀이다.

부처님의 말씀을 금구성언金口聖言 또는 법언法言, 불어佛語라고 한다. 이를 기록한 것이 팔만대장경이다.

불교에서는 바른 말에 대한 중요성을 강조하는데, 깨달음에 이르는 여덟 가지 길 가운데 하나가 정어正語다. 또한 불자가 지

117

켜야 할 열 가지 선행 가운데 입(口業)으로 짓는 불망어(不妄語: 거짓말을 하지 않음)·불양설(不兩舌: 이간질을 하지 않음)·불악구 (不惡口: 험한 욕설을 하지 않음)·불기어(不綺語: 교묘하게 꾸미는 말을 하지 않음) 등 네 가지 말이 있다.

 용어풀이

*정어正語: 팔정도의 하나. 진실된 말, 바른 말. 거짓말과 사악한 말 을 하지 않음. 반대로, 진실하지 못한 말, 거짓말은 망어妄語라고 한다.

15 금강경의 해설 공덕

"수보리야, 만약 어떤 사람이 아침에 갠지스강의 모래만큼의 몸으로써 보시하며, 낮에 다시 갠지스강의 모래만큼의 몸으로써 보시하며, 저녁에 또한 갠지스강의 모래만큼의 몸으로써 보시하여, 이와 같이 무량한 백천만억 겁을 몸으로써 보시하더라도, 만약 또 어떤 사람이 이 경전을 듣고 비방하지 않고 믿는 마음이 있다면 그복이 저 복보다 높고 뛰어나다. 하물며 『금강경』을 쓰고 지니고 독송하여 다른 사람을 위해 해설해준다면 그복이 얼마나 크겠느냐?"

해설

『금강경』을 받아 지니고(수지) 독송하고 이웃에게 전파하는 공덕이 백천만억 겁劫을 몸으로 보시하는 공덕이나 물질로 보시하는 공덕보다도 크다고 하였다.

『법화경』법사품에도『금강경』과 동일하게 '경전을 전법 홍포하는 공덕이 한량없이 큼'을 강조하는 내용이 다음과 같이 나오고 있다.

"선남자·선여인이 이 법문 중 사구四句로 된 게송을 단 한 줄이라도 기억해서 다른 사람에게 들려주거나 가르쳐주거나 이 법문을 공경하는 마음을 품는다면, 그 사람이야말로 미래세에 바른 깨달음을 얻어 존경받는 부처(여래)가 될 것이다.

왜냐하면 약왕이여, 선남자·선여인이 이 법문 중 단 한 게송이라도 수지한다면 그를 부처로 보아야 하기 때문이며, 천신들을 비롯한 세간 사람들로부터 부처를 대하는 것과 같이 공경받기 때문이다. 그런데 하물며 이 법문을 완전히 이해하여 수지 독송하거나 해설하며 옮겨 적거나(書寫), 이 경전을 찬양 홍포하는 사람의 공덕은 어떻겠는가?"

금강경독송회모임, 금강경강송대회, 광화문에서 열리는 10만 금강경독송법회 등을 통하여『금강경』의 공덕을 선양 홍포하는 불자들도 있다.

용어풀이

*겁劫: 헤아릴 수 없이 긴 시간의 단위를 말한다. 비유하여, 둘레가 사방 40리 되는 바위를 백 년마다 한 번씩 얇은 천으로 스쳐서 그 바위가 닳아 없어지는 시간이라고 한다.

*서사書寫: 경전을 베끼는 일. 사경寫經.

*수지受持: 받아 지니는 일. 경전을 구하여 잘 보관하고 몸 가까이
에 지님. 또는 경전을 잊지 않고 항상 머릿속에 새겨 가지는 일.

16 더러운 업을 깨끗이 맑히다

"수보리야, 어떤 사람이 이 경전을 받아 지니고 독송하
더라도 만일 다른 사람에게 업신여김을 당하면, 이는
과거 전생에 지은 죄업으로 응당 지옥에 떨어질지도 모
를 일이었으나 지금 핍박과 업신여김을 받았기 때문에
지난날 지은 죄업이 소멸할 것이요, 그래서 반드시 최
상의 깨달음(아뇩다라삼먁삼보리)을 얻을 것이다."

해설

중국 송나라 때 원오극근(圓悟 克勤, 1063~1135)이 지은『벽암
록』의 '금강경 죄업소멸'에도 나오는 유명한 내용이다.『금강
경』을 받아 지니고 독송한 공덕이 천하제일인데 오히려 남에게
핍박과 업신여김을 당한다면 이는 이 경전의 내용과 모순이다.
그러나 세상을 살다보면 현실적으로 가능한 일이다. 이 경우는
전생의 죄업을 탕감해주는 공덕으로 나타났으니『금강경』을

수지 독송하는 공덕을 의심하지 말라는 내용이다. 『금강경』은 뜻도 헤아릴 수 없으며(불가사의), 과보果報의 공덕도 불가사의하다.

　『금강경』의 가르침에 따라, 남에게 핍박과 억울한 일을 당하더라도 한 순간 참음으로써 한량없는 공덕을 받는 경우가 얼마든지 있다.

용어풀이

* 불가사의不可思議: 사람의 생각으로는 미루어 헤아릴 수 없음. 불교에서는, 말로 표현하거나 마음으로 생각할 수 없는 오묘한 이치 또는 가르침을 뜻하기도 하고, 언어로 표현할 수 없는 놀라운 상태를 일컫기도 한다. 부처나 보살의 지혜나 신통력이 헤아릴 수 없음을 나타내기도 한다.

* 과보果報: 인과응보因果應報의 준말. 원인에 의해서 만들어진 결과.

* 참회懺悔: 지은 죄나 잘못을 뉘우치거나 반성하는 것.

* 죄업罪業: 죄의 과보果報. 몸과 입과 마음으로 짓는 죄(三業)가 있다.

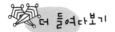

* 금강경 죄업소멸罪業消滅

선종의 공안(화두)으로 '금강경경천金剛經輕賤', '강경경천金剛經輕賤'이라고도 한다. 『벽암록』 97칙과 『종용록』 58칙, 『선문염송설화』 58칙 등에 "『금강경』에서 이르기를, 이 경을 수지 독송하는데도 만약 남에게 천대를 받는 사람은 전생의 죄업이 있어 마땅히 악도에 떨어져야 할 것이었는데, 금생에 남에게 천대를 받았으므로 전생의 죄업이 소멸한다."고 하였다.

『선문염송설화』 58칙에는 "양나라 소명昭明 태자가 『금강경』을 32분절로 나누어 이 분절을 '능정업장분能淨業障分'이라고 한 것을 볼 때 죄업을 청정하게 하는 방법을 주안점으로 본 것"이라 하였다.

종밀宗密 스님은 "죄업을 바꾸어 부처를 이룬다(轉罪成佛)."라고 해석하였고, 부대사傅大師는 "무거운 업을 바꾸어 가볍게 받는 것(轉重輕受)"으로 풀었으며, 육조 혜능대사의 『금강경 구결』에서는 "나와 남을 분별하는 인아人我 등의 상相을 일으키지 않아서 마음에 번뇌와 분별계교가 없어진 상태"를 죄업의 소멸로 보았다.

후편

17-1 석가모니 부처님이 되리라는 예언

부처님께서 말씀하셨다.

"수보리야, 실제로 법이 따로 있어서 내(여래)가 최고의 깨달음을 얻은 것이 아니다. 수보리야, 만약 법이 있어서 내가 최고의 깨달음을 얻었다면 연등부처님이 곧 나에게 수기受記하시기를 '너는 다음 세상에 반드시 부처가 될 텐데 이름은 석가모니 부처님이다.'라고 하지 않았을 것이다.

왜냐하면 여래如來라고 하는 뜻은, 모든 법이 있는 그대로의 모습일 뿐이라는 뜻이기 때문이다."

해설

1분부터 16분까지는 『금강경』의 전반부이고, 17분부터 32분까지가 후반부이다. 후반부는 전반부에 나왔던 내용이 계속 반복되고 있다. 17분부터는 똑같은 내용을 반복해서 스텝을 밟으며 춤을 추듯이 리듬을 넣어 되풀이한다. 노래나 시에서 똑같은 가락을 변주變奏하거나 반복해서 운율을 넣어주면 감동과 감흥을 느끼게 된다.『금강경』의 독특한 서술 방법이다.

『금강경』2. 선현기청분에서와 똑같은 문장이 다음과 같이 서술되고 있다. 이 내용이『금강경』의 주제이고 핵심 내용이다.

"부처님(세존)이시여, 최고의 깨달음(아뇩다라삼먁삼보리)을 얻고자 하는 착한 남녀는 어떻게 살아야 하며, 어떻게 그 마음을 다스려야 합니까?"

 용어풀이

*수기受記: 수기授記라고도 한다. 부처님이 제자에게 장차 부처가 될 것이라고 예언해 주는 것. 석가모니 부처님도 전생에 연등불께서 장차 부처가 될 것이라고 예언하는 수기를 받았다.

*석가모니釋迦牟尼: 불교의 창시자. 석가족의 성자라는 뜻이다. 인도 카필라국의 왕자로 태어나 출가하여 6년 수도를 한 후 깨달음을 얻어 부처가 되었다. 어렸을 때 이름은 싯다르타이다.

*연등부처님(燃燈佛): 석가모니 부처님이 과거 전생시절에 보살로 수행할 때 "미래세상에 반드시 성불하여 부처가 될 것이다."라고 수기(受記, 예언)를 준 부처이다. 정광불錠光佛이라고도 부른다.

17-2 무아법을 깨달으면 보살이다

"수보리야, 만약 보살이 '모든 사물은 실체가 없다'는
무아법에 통달하면 여래(부처님)는 비로소 그를 보살
이라 이름할 수 있다고 설하노라."

해설

무아(無我, 空)의 사상은 『금강경』의 핵심 사상이고, 대승불교
이론의 기본이다. 무아의 이치를 깨달으면 부처나 보살이 된다.

보살의 자비심은 '나와 네가 둘이 아니다'라는 자타불이自他
不二에서 생겨난다. 내가 확고하게 있으면 하나가 될 수 없다.
나라는 생각과 내가 잘났다고 생각하는 아상이 있으면 상대방
을 무시하고 배척한다. 욕심을 부리고 내 뜻대로 안 되면 화를
내고 다투게 된다. 내가 없으면 상대방에 대한 미움도 다툼도
없는 부처의 경지이다.

* 무아無我: 나(我)라고 할 수 있는 고유한 성질(自性)이나 실체가 없다는 사상. 부처님이 깨달은 핵심 사상이다. 대승불교에서는 무아를 공空이라고 표현하였다. 제법무아諸法無我이고, 일체개공一切皆空이다. 나뿐만 아니라 일체 만물이 유有가 아니라 실체가 없는 무아이다.

* 무아법無我法: 무아無我의 진리. 모든 사물은 실체가 없는 허상, 즉 공空임을 밝힌 진리. 현상세계에는 자기 자신의 고유한 성질과 실체를 가지고 독자적으로 존재하는 것은 없다. 모든 존재는 이웃과의 관계 속에서 상호 의지하고 연합하며, 잠시 가짜의 형상(假像)으로 나타나 있는 것이다. 생성된 것은 반드시 소멸하고 모인 것은 흩어지는 변화를 반복한다. 그것은 모든 사물이 자신의 독자적이고 고유한 성질이 없이 여러 가지 요소들이 인연 따라 나타났다 없어지기 때문이다. 물이 얼면 고체인 얼음이 되었다가 열을 가하면 기체인 수소와 산소로 분화되어 형체가 없이 허공으로 흩어진다. 그러다가 다시 물로 바뀌어 달라지는 변화를 반복한다. 이것을 불교에서는 무아無我 사상이라고 하고, 공空 사상이라고 한다. 이 사상이 『금강경』의 핵심 사상이다.

18-1 일체를 꿰뚫어보는 지혜의 눈(혜안)

"수보리야, 너의 생각은 어떠하냐?
부처님은 육안肉眼이 있느냐, 없느냐?"

"부처님, 육안이 있습니다."

"부처님은 천안天眼이 있느냐, 없느냐?"

"부처님, 천안이 있습니다."

"부처님은 혜안慧眼이 있느냐, 없느냐?"

"부처님, 혜안이 있습니다."

"부처님은 법안法眼이 있느냐, 없느냐?"

"부처님, 법안이 있습니다."

"부처님은 불안佛眼이 있느냐, 없느냐?"

"부처님, 불안이 있습니다."

해설

부처님에게는 다섯 가지 눈이 있다. 이것을 오안五眼이라고 한다. ①보통사람들이 볼 수 있는, 현상으로 나타난 물질만 보는 육안肉眼이 있다. 그리고 ②한 차원 높은, 착한 선행을 보고 기뻐하는 천안(天眼)이 있다. 여기까지는 보통 사람이 가질 수 있는 눈이다.

③지혜의 눈인 혜안慧眼, ④부처님의 진리의 말씀을 이해하는 법안法眼, ⑤부처님의 눈인 불안佛眼이 있는데, 이 눈을 가지려면 깨달음을 얻어야 하고, 모든 사물이 실체가 없다는 무아無我의 세계를 체득해야 한다. 즉, 보살과 부처가 가질 수 있는 눈이다.

 용어풀이

*오안五眼: 부처님의 다섯 가지 눈을 깨달음의 경지, 즉 통찰력의 차이에 따라 나눈 육안·천안·혜안·법안·불안 등의 안목眼目.
①육안肉眼: 육체의 시각기관인 눈으로 보는 세계는 물질과 형상만 볼 수 있다.
②천안天眼: 육체의 눈으로 볼 수 없는 미세한 사물이나 멀리 있는 사물을 볼 수 있는 추상적인 눈, 즉 하늘나라를 볼 수 있는 눈을 뜻한다.
③혜안慧眼: 모든 사물은 실체가 없이 공空하다는 이치를 깨달은 후에 생기는 지혜의 눈으로, 형상의 이면에 숨겨진 본질의 세계

를 볼 수 있는 눈을 뜻한다.

④법안法眼: 모든 법(세계)이 공함을 비추어 볼 수 있는 보살의 눈이다. 아공我空과 법공法空을 깨달은 지혜의 눈이다.

⑤불안佛眼: 부처의 눈으로, 앞의 네 가지 눈을 모두 갖춘 완벽한 눈이다. 혜안과 법안, 불안은 명칭만 다르지 모두 같은 눈이다. 사물을 보는 인식의 정도에 따라 각기 이름을 달리 부를 뿐이다.

 보충하기

*이성계와 무학대사의 일화

조선의 태조 이성계와 무학대사의 재미있는 일화가 있다.

이성계가 무학대사에게 "대사는 꼭 돼지로 보입니다."라고 하였다. 무학대사가 대답하였다. "전하는 부처로 보입니다." 이성계가 다시 말하였다. "대사는 내 말에 화가 나지 않습니까?" 무학대사가 대답하였다. "돼지 눈으로 보면 돼지로 보이고, 부처의 눈으로 보면 부처로 보입니다(豕眼見惟豕 佛眼見惟佛)."라고 하였다.

18-2 마음은 실체가 없어 얻을 수 없다

부처님께서 수보리에게 말씀하셨다.
"수많은 나라와 세상에 살고 있는 중생들의 갖가지 마음을 부처는 다 알고 있다. 왜냐하면 부처가 설한 모든 마음은 다 마음이 아니라 그 이름이 마음이기 때문이다. 그 까닭이 무엇인가? 수보리야, 과거의 마음도 얻을 수 없고, 현재의 마음도 얻을 수 없고, 미래의 마음도 얻을 수 없기 때문이다."

해설

시간은 본래 존재하지 않는다. 인간이 생활하기 편리하게 만들어 놓은 일종의 약속이다. 관념의 세계이다. 세상의 사물이 변화하고 있을 뿐이다. 사물이 변화하는 모습과 시간을 밤과 낮을 기준으로 하여 하루를 만들고, 하루를 24시간으로 나누고, 한 달을 30일, 일 년을 365일로, 사람이 편리하게 만든 실체 없는 약속된 관념이다. 지나간 시간을 과거, 아직 다가오지 않은 시간을 미래, 지금 이 순간을 현재라고 명칭을 붙인 것이다. 시계 바늘처럼 시간이 째깍째깍 흘러가는 것이 아니다. 마음 또한 공하여 실체가 없다. 이름을 '마음'이라고 붙여서 '마음'인 것이다.

과거의 마음은 지나가버렸기 때문에 포착할 수가 없다. 미래의 마음 또한 아직 오지 않은, 경험하지 않은 마음이므로 실체가 없다. 과거도 없고 미래도 없기 때문에 현재도 없다. 현재의 마음은 포착할 수가 없다. 현재라고 생각한 순간 지나간 과거가 되고, 아직 오지 않은 순간을 현재라고 할 수는 없다. 현재는 찰나일 뿐 포착할 수 없다. 그러면서도 시간은 현재 지금 이 순간의 연장일 뿐이다.

우리의 마음은 시간적으로는 지금 이 순간(即今), 공간적으로는 여기 이 자리에 있을 뿐이다. 실체가 없는 공호(空)한 한 생각(一念)뿐이다. 이 일념은 짧은 찰나의 순간도 아니다.

사람들은 실체가 없는 지나간 과거에 집착하고, 오지 않은 미래에 망상과 걱정을 만들어 괴로워하는 어리석은 중생이다.

지혜로운 사람은 현재 지금 이 순간, 이곳에서 일어나는 대상(법)을 잘 관찰하여 지혜(통찰지, 반야지혜)를 얻는다.

용어풀이

*과거심불가득過去心不可得: 마음은 시시각각 지나가므로 과거의

마음을 붙잡을 수 없다. 현재의 마음(現在心)이나 미래의 마음(未來心)도 마찬가지다.

＊덕산선사의 점심點心 일화

덕산 선감(德山 宣鑑, 782~865) 선사는 중국 당나라 때 스님으로 용담 숭신龍潭 崇信 선사의 선법禪法을 이어 호남성湖南省 덕산德山에서 교화를 크게 떨친 스님이다. 그는 용담 스님을 만나기 전 『금강경』에 뛰어나 그의 속성이 주周씨이므로 '주금강周金剛'이라 불렸다.

『금강경』에 통달했던 덕산 스님은 중국 남방에 선종불교가 융성한다는 소문을 듣고 그들을 타파하기 위하여 길을 떠났다. 남방에 이르러 점심시간이 되어 길가에서 떡을 파는 노파에게 떡을 사먹으려고 하였다.

노파가 "스님은 무슨 경전을 공부하십니까?" 하고 묻자, 덕산 스님은 자신이 '금강경 박사'라고 자랑하였다. 그러자 노파가 "금강경에 '과거의 마음도 얻을 수 없고, 미래의 마음도 얻을 수 없고, 현재의 마음도 얻을 수 없다'고 하였는데, 스님은 어떤 마음으로 점심을 드시겠소. 마음의 점點을 찍어 보십시오. 만약 대답을 한다면 떡을 팔겠지만 대답을 하지 못한다면 떡을 팔지 않겠소."라고 하였다. 덕산 스님은 아무 말도 하지 못하였다.

이 이야기 속의 마음에 점을 찍는다는 뜻이 '점심點心 식사'라는 말이 되었다.

19 실체가 없는 복덕, 얻음이 없는 복덕

"수보리야, 만약 복덕의 실체가 실제로 모습이 있다면 부처는 결코 복덕을 얻음이 많다고 말씀하지 않았을 것이다.
복덕이 없는 까닭에 부처는 복덕을 얻음이 많다고 말씀한 것이다."

해설

'무주상無住相 보시'의 공덕이 선종의 공안으로 만들어진 유명한 일화가 『전등록』에 나오는, 양梁나라 무제武帝의 무공덕無功德 화두이다.

스님들에게 공양을 많이 하고, 사찰 건립 불사를 잘 하여 불심천자佛心天子라고 불리는 양 무제가 중국 선종의 초조인 달마대사를 처음 만나 물었다.

"스님, 짐이 그동안 절을 짓고 스님들에게 공양한 공덕이 얼마나 됩니까?"

달마대사가 대답하였다.

"공덕이 없습니다(無功德)."

『금강경』에서는 '자랑'하는 보시는 공덕이 없다고 설하고 있다. 보시를 했다는 생각, 즉 상相에 집착한 보시는 공덕이 없다. 보시하는 물건도 실체가 없는 공空한 것이요, 보시하는 사람도 공한 것이요, 보시를 받는 사람도 공한 것이다. 그러니 그런 보시를 해서 생기는 복덕 또한 공한 것이다. 이러한 도리를 알고 행하는 반야 보시의 공덕은 한량없이 크다.

20 형상을 떠나 집착하지 않으면 부처

"수보리야, 너는 어떻게 생각하느냐? 부처님은 부처로서의 완전한 몸을 갖추었다(具足色身)고 볼 수 있겠느냐?"
"아닙니다. 부처님은 완전한 몸을 갖추지 못했습니다. 왜냐하면 부처님께서 말씀하신 완전한 몸은 곧 부처로서의 완전한 몸이 아니라 그 이름이 완전한 몸이기 때문입니다."

해설

불교를 창시한 석가모니 부처님이 돌아가시자 제자들과 불자들은 영생불멸의 부처님을 찾았다. 그러나 현상세계의 형상이 있는 모든 것은 생멸이 있다. 인간 역시 영원히 존재할 수 없다.

불교에서는 인간의 모습으로 이 땅에 온 석가모니 부처님은 화신불化身佛이라고 하고, 영원한 부처님은 진리의 부처인 법신불法身佛이라고 부른다. 형상이 없는 진리(법칙, 원리, 도, 신, 마음)는 영원하다. 누구도 부정할 수가 없다. 이렇게 부처님(佛陀)을 여러 측면에서 이해하고 설명하는 교리를 불타관이라고 한다.

인간의 모습으로 온 부처님은 32가지 우수하고 독특한 형상(三十二相)을 갖추었다.

이 20분分에서는 부처님을 여러 측면에서 해석하고 설명하는 불타관을 다루고 있다. 그리고 육체적 형상으로 완전히 잘 갖춘 신상身相인 32상으로는 부처를 볼 수 없다고 가르치고 있다.

32상의 모습대로 조성한 불상은 참부처의 모습이 아니다. 이름으로만 붙여진 부처의 모습이지 참부처의 모습이 아니라고 강조하고 있다.

『금강경』의 핵심 주제는, 겉으로 나타난 형상은 인연이 다하면 사라질 것이고 실체가 없는 허망한 것이므로 거기에 집착하거나 애착하는 것을 끊으라는 것이다. 상相을 떠나면 부처가 되고 아라한이 된다고 강조하고 있다. 실체가 없는 공空의 세계를 이해하고 깨달으면 부처가 된다. 공왕불空王佛이다.

용어풀이

＊**구족**具足: 빠짐없이 고루 갖추어 있는 것. 구존具存.

21 설할 것이 없는 설법

"수보리야, 너는 부처가 '내가 법문한 진리(법)가 있다'
는 생각을 한다고 말하지 마라. 왜냐하면 만약 사람들
이 말하기를 '부처가 설한 바 진리가 있다.'고 한다면
그것은 곧 부처님을 비방한 것이 되고, 내가 설법한 뜻
을 알지 못한 것이기 때문이다.
수보리야, 진리를 설한다고 해도 설할 법이 아무것도
없나니, 그래서 비로소 법을 설한다고 이름할 수 있는
것이다."

해설

부처님께서 깨달은 진리(법)는 신이 창조한 것도 아니고 자신
이 만든 것도 아니다. 우주 자연의 법칙이고, 인간이 괴로움으
로부터 벗어나 행복한 삶을 살 수 있는 길이다. 그 진리의 내용
은 인과因果의 법칙이고, 연기緣起의 법칙이고, 마음의 원리이

다. 따라서 그 진리는 어느 누가 만들어 놓은 법이 아니다. 우리 삶의 주변에 있는 진리요, 내 마음에 있는 진리이다. 따라서 따로 억지로 그것을 얻기 위하여 힘쓸 것도 없다. 깨달을 바도 없고, 얻을 바도 없고, 설명할 수도 없다. 이미 내 마음속에 갖추고 있으며 말로써 표현해 보일 수 없는 세계이다.

마음이 실체가 없고 형상이 없고 색깔이 없는데 무엇이라 말해 보일 수 있겠는가? 그러나 실체가 없는 그 마음이 우주의 주인이요 나의 주인이니, 마음이 부처이다. 마음이 진리의 법을 깨닫게 하고 인식하고 말하게 하는 심왕心王이요 심지心地이니, 삼라만상은 마음이 만든 것이요 마음의 그림자일 뿐이다.

그 마음(심법)은 실체가 없으므로 말할 수도 얻을 수도 없다. 명칭(이름)으로 마음이니, 진리(법)니, 도道라고 붙였지만 사실 실체는 알 수가 없는 것들이다. 신神도 마찬가지다. 절대자 또는 조물주라고 하지만 실체가 없으니 실제로 신이 있는지 없는지 알 수가 없다. 단지 이름만 있어서 관념 속에만 있는 것이다.

그래서 『능가경』에서 "부처님은 49년 동안 한마디도 설법하지 않았다."고 한 것이다. 우리들의 마음속에 담겨 있는 진리(법)를 드러내준 것뿐이라는 말이다.

무엇을 아는 것, 즉 의식작용(6식)은 아는 주관(6근)과 대상인 객관(6경)이 있어 이 둘의 관계가 성립되어야 이루어진다. 진리나 도, 마음(心法) 등은 마음 자체와 관계된 영역이기 때문에 내가 내 마음의 세계를 보거나 인식할 수가 없는 것이다. 마

치 내 눈으로 내 눈을 보려는 것과 같이 볼 수가 없다. 내 마음
으로는 내 마음을 볼 수도 알 수도 없는 것이다.

* **설법**說法: 중생을 교화하기 위하여 법(진리)을 설명함. 설교.

* **초전설법**初轉說法: 석가모니 부처님이 진리를 깨달으시고 녹야원
에서 다섯 비구를 대상으로 최초로 하신 설법. 설법 내용은 사성
제, 팔정도, 중도 등이다.

* **무소설**無所說: 한 번도 설한 바가 없다. 부처님께서 45년(49년)
동안 설법을 하셨지만 한 마디도 설한 바가 없다. 많은 설법을
했지만 설했다는 의식이 없는 것. 법을 법이라고 설하면 이미
법이라는 것에 집착하는 것이므로 법에 집착하지 말 것을 가르
친 것이다.

더 들여다보기

* **부처님은 49년 동안 한마디도 설하지 않으셨다**
부처님의 49년 설법은 북방불교설이고, 45년 교화설법은 남방불
교설이다. 선종禪宗은 문자를 내세우지 않는 불립문자不立文字를
종지宗旨로 삼는데 이는 『능가경』에서 비롯된 것이다.
『능가경』에는 "부처님과 모든 보살은 한 글자도 설하지 않고 한
글자도 답하지 않는다. 법은 문자를 벗어난 것이기 때문이다."라
고 하여 '불설일자不說一字'를 설명하였다.

『대반야경』에는 "나는 일찍이 이 깊고 깊은 반야바라밀다와 상응하는 도리에 대해서는 한 글자도 설한 적이 없고 그대도 한 마디의 설법도 듣지 않았는데, 도대체 이해한 것이 무엇이란 말인가?"라고 하였다.

『유마경』에는 "법을 설하는 이는 설함도 없고 보여주는 것도 없으며, 설법을 듣는 이는 들음도 없고 얻음도 없다."고 하였다.

『열반경』에는 부처님이 돌아가실 때 "내가 49년 동안 법을 설했다고 하지 마라. 나는 진리(법)를 한마디도 설한 바가 없다."고 하였다.

22 얻을 것이 없는 진리(법)

수보리가 부처님께 여쭈었다.
"부처님, 부처님께서 최고의 깨달음(아뇩다라삼먁삼보리)을 얻은 가르침(법)이 없는 것입니까?"
부처님이 대답하셨다.
"그렇다. 내가 최고의 깨달음에서 조그만 가르침(법)조차도 얻을 만한 것이 없었으므로 최고의 깨달음이라고 말한다."

해설

진리(법)는 정해진 것이 없다. 부처님은 『맛지마 니까야』 111, '차제경次第經'에서 열반(깨달음)을 성취해 가는 과정을 다음과 같이 이야기한다.

"비구들아, 사리불이 관찰한 연속하여 관찰되는 법(진리)은 다음과 같다오.

비구들아, 사리불은 감각적 쾌락에 대한 욕망을 멀리 하고, 착하지 않은 법(가르침, 진리)을 멀리 하고, 사유하고 숙고하여, 멀어짐에서 생긴 기쁨과 즐거움이 있는 첫 번째 선정禪定에 머물렀다오. 이 첫 번째 선정에서 여러 법法들이, 즉 사유, 숙고, 기쁨, 즐거움, 마음집중, 접촉(觸), 느낌(受), 생각(想), 의도(思), 욕망, 확신, 정진, 주의집중(念), 평정(捨), 작의作意 등 이러한 법들이 그에게 연속하여 나타났다오. 그에게 이러한 법들이 분명하게 나타나 분명하게 머물다가 분명하게 소멸되어 갔다오. 그는 이와 같이 통찰하여 알았다오.

'이와 같이 지금 나에게 여러 법들이 없다가 나타났고, 있다가 없어졌다.'

그는 그 법法들에 집착하지 않고, 빠져들지 않고, 의존하지 않고, 묶이지 않고, 자유롭게 속박에서 벗어나 해탈에 머물렀다오. 그는 '이보다 위의 출리(出離: 수행의 완성이 아니기 때문에 벗어나야 한다는 의미)가 있다'고 통찰하여 알았다오. 그는 더 닦아야 할 것이 있다고 생각했다오."

(이중표 역해, 『니까야로 읽는 금강경』)

부처님의 지혜가 제일인 사리불은 자신이 체득한 진리의 법에 집착하지 않고, 의존하지 않고, 묶이지 않고, 자유롭게 속박에서 벗어나 해탈한 마음에 머물렀음을 밝히고 있다.

정해진 법이 없으므로 얻을 것이 없으며, 부처님이 설하신 법이라도 그것에 얽매여 집착해서는 안 된다.

23 평등한 법

"수보리야, 이 가르침(법, 진리)은 평등하여 높고 낮음이 없으므로 이를 최고의 깨달음(아뇩다라삼먁삼보리)이라 한 것이다.

내가 잘났다고 자기중심적으로 생각(아상)하는 것도 없고, 인간이 우월하다는 생각(인상)도 없고, 중생이라는 열등의식(중생상)도 없고, 자신의 수명이 영원하다는 생각(수자상)이 없이 일체의 착한 법(선법)을 닦으면 곧 최상의 깨달음을 얻는다.

수보리야, 이른바 착한 법이라 하는 것은 착한 법이 아니라고 부처님이 말씀하였기 때문에 이를 이름하여 착한 법이라 한 것이다."

해설

부처님이 설하신 진리의 가르침(법)은 부처나 중생 모두에게
평등하게 적용되는 평등법이다. 부처와 중생의 본래 성품이 조
금도 차이가 없다. 본래 중생의 마음속에 불성佛性과 착한 법(善
法)이 갖추어져 있기 때문에 중생이 이 사실을 알면 깨달은 부
처이고, 모르면 어리석은 중생이다.

내가 다른 사람이나 중생과 비교해서 잘났다거나 못났다는
고착화된 생각의 상相을 떠나면 최고의 깨달음(아뇩다라삼먁삼
보리)인 법(진리)을 얻을 수 있다. 착한 법(선법)이니 불성이니
하는 모든 것은 우리의 마음이 이름을 붙여서 부르는 칭호일
뿐이다.

『화엄경』에서 "마음과 부처와 중생, 이 셋은 차별이 없이 같
다."고 하였다. 불교의 사상은 차별과 분별을 배격한다. 나누어
차별하고 분별하기 때문에 싸우고 고통이 생겨난다. 본래 중생
도 부처도 없다. 이름을 중생이라고, 부처라고 붙여 놓은 것이
다. 둘이 아니라(不二) 하나이다.

불교는 중생과 부처가 평등하다. 깨달음을 얻고 바라보면 이
세상 사바세계가 정토이고, 번뇌가 보리菩提이다. 차별이 없는
평등한 마음이 부처의 마음이다. 차별이 없이 평등하게 베풀어
주는 마음이 자비심이고, 관세음보살이다.

24 경전을 설명해주는 공덕이 가장 크다

"수보리야, 어떤 사람이 삼천대천세계에 있는 수미산 만큼의 칠보 덩어리를 이웃에 베풀어 보시한 공덕보다도, '반야바라밀경'의 사구게만이라도 받아 지니고 읽고 외워서 다른 사람을 위해서 설명해주는 사람의 공덕이 억만 배나 크다. 어떤 셈이나 비유로도 미치지 못한다."

해설

깨달음이 부처님의 지혜의 눈이라면 전법교화는 불교 생명의 끈이다. 경전을 공부해서 이웃에게 전파하는 전법이 없으면 불교교단은 쇠퇴할 수밖에 없다.

그래서 『금강경』에서 금강경 한 구절(사구게)이라도 남에게 설명해주는 공덕이 수미산만큼의 칠보로 보시하는 공덕보다 크다고 강조하고 있다.

150

여기서 말하는 '반야바라밀경'은 '금강반야바라밀경(금강경)'을 말한다. 경전을 받아 지니고 읽고 외우는 공덕을 경전의 수지독송受持讀誦 공덕이라고 한다. 경전은 부처님께서 깨달은 진리의 말씀을 기록한 책이기에 법보法寶라고 한다. 불자들이 믿고 의지하며 신행해야 할 세 가지 보배, 즉 삼보三寶 가운데 하나이다. 진리를 깨달아 얻으신 부처님(佛寶), 진리의 내용인 법(法寶), 부처님의 가르침에 따라 불법을 전파하고 중생을 제도하는 스님을 비롯한 승가공동체(僧寶) 모두를 통틀어 삼보三寶라고 부른다.

부처님 말씀을 기록한 경전을 모신 사찰이 가야산 해인사이다. 팔만대장경판을 모신 건물을 판전板殿이라고 하는데, 해인사 장경판전은 세계문화유산으로 지정되었고, 팔만대장경판은 세계기록문화유산으로 지정되어 있다. 하나의 문화유물이 세계문화유산과 세계기록문화유산으로 지정된 것은 해인사 팔만대장경판이 유일하다.

북한의 묘향산에는 고려시대 때 팔만대장경판을 판각하고 찍은 경전(초간본)이 보존되어 있는데 이 또한 국보급 문화재이다.

용어풀이

***반야바라밀경**般若波羅蜜經: '반야경'이라 줄여서 부른다. 대승불교
가 시작되면서 초기에 형성된 경전군으로 무아無我 사상, 즉 공
空 사상이 중심 사상이다. 공 사상은 모든 대승불교의 기본이 되
는 사상이다. 부처님의 45년 설법 가운데 21년 동안 설하셨던 경
으로 팔만대장경 가운데 분량과 내용이 가장 많다. 600권이나 되
는데, 그중 577권이 『금강반야바라밀경(금강경)』이다. 또 이것을
260자로 요약한 경이 『마하반야바라밀다심경(반야심경)』이다.

25 구제할 중생이 없다

"수보리야, 어떻게 생각하느냐?
너희들은 부처가 '내가 마땅히 중생을 제도하리라'고
이 같은 생각을 하였다고 말하지 말라. 왜냐하면 부처
가 제도할 중생이 있지 아니하기 때문이다. 만약 부처
가 제도할 중생이 있다면 부처는 곧 아상·인상·중생
상·수자상을 가지고 있는 것이다."

해설

『화엄경』에 "마음과 부처와 중생은 차별이 없다."고 하였다. 따
라서 중생이 부처이다. 마치 물이 얼음과 같고, 산소와 질소가
혼합한 공기와 같은 것이다.

본래 중생은 부처이다. 구제를 받을 대상이 아니다. 중생을
구제하겠다고 생각하면 부처를 구제하겠다고 하는 것과 같이
진리를 깨닫지 못한 사람이다.

『마조어록』에 "도는 닦을 필요가 없다. 다만 더럽히지만 말라."고 하였다. 중생이 본래 부처의 지혜와 복덕을 모두 갖추었기 때문이다.

중생을 구제한다는 것은 부처와 중생을 차별한 그릇된 생각을 드러낸 것이다. 『금강경』의 주장은 '구제할 중생은 본래가 없다, 중생이 부처다, 인간이 부처다, 내가 잘났다고 하는 아상我相만 사라지면 부처이다'라는 것이다.

『금강경』은 인간이 붓다임을 선언한 경전이다.

 보충하기

*화엄경: 『화엄경』은 온 세상에 계신 부처와 그 깨달음의 세계를 아름다운 꽃들의 비유를 통해서 설한 대승경전이다. 핵심 내용은 "마음과 부처와 중생은 차별이 없다. 마음이 모든 것을 만든다." 등이다.

26-1 부처님의 32상

"수보리야, 너는 어떻게 생각하느냐? 삼십이상(서른두 가지 신체적 특징)으로써 부처를 볼 수 있느냐?"

수보리가 대답하였다.

"그렇습니다. 삼십이상으로써 부처를 볼 수 있습니다."

부처님께서 말씀하셨다.

"수보리야, 만약 삼십이상으로써 부처를 볼 수 있다고 한다면 전륜성왕도 부처라고 해야 할 것이다."

수보리가 부처님께 말하였다.

"부처님이시여, 제가 부처님께서 말씀하신 뜻을 이해하기로는 삼십이상으로써 참부처를 볼 수가 없습니다."

육신의 모습으로는 참부처의 모습을 볼 수가 없다. 부처님의 육신의 특징인 32상 역시 여러 가지 요소인 지수화풍地水火風이 인연 따라 생겨났다가 사라질, 실체가 없는 허망한 무아無我, 즉 무상無相일 뿐이다.

신체적으로 건강하고 잘생겨서 부처나 보살이 되는 것이 아니라, 수행을 잘해서 지혜와 복덕 등 32가지 덕상을 갖추어야 부처가 된다고 해석해야 한다.

부처님의 육신(색신)은 32상(32가지 뛰어난 육체의 특징)이고, 부처님의 법신은 부처님 말씀(진리)인 경전이다. 법신 중의 하나인 『금강경』을 양나라 소명태자가 32분分으로 나눈 것은 부처님의 32상에서 비롯된 것이다.

*전륜성왕轉輪聖王: 인도의 이상적인 왕으로서, 창과 칼로 세상을 정복하는 것이 아니라 진리의 수레바퀴를 굴려서 이웃나라를 정복하여 천하를 통일하고 통치하는 이상적인 왕이다. 부처님의 형상과 같이 32상을 갖춘 왕이다. 인도에서는 아소카왕을, 우리나라에서는 신라 때 진흥왕과 고려의 태조 왕건을 전륜성왕이라 하였다.

중국과 한국에서는 '왕이 즉 부처이다'라는 왕즉불王卽佛 사상도 생겨났는데, 후고구려의 궁예가 대표적인 사례이다.

* 고려 태조 왕건의 동상

1992년 고려 태조 왕건의 능인 현릉(顯陵: 개성 소재)의 보수공사 중에 왕건의 청동상이 발견되었는데 32상을 갖춘 모습을 하고 있다.

처음에는 불상으로 알려졌지만, '그의 동상을 무덤에 묻었다'는 『조선왕조실록』의 기록으로 인해 확인된 것이다. 2006년 6월 22일 국립중앙박물관에서 북한의 국보급 유물을 전시하면서 함께 전시되었다.

삼국을 통일한 왕건을 당시 고려인은 32상을 갖춘 전륜성왕으로 표현한 것이다.

26-2 형상으로써 부처를 볼 수가 없다

부처님께서 게송으로 설법하셨다.
"만약 형상으로써 나를 보려 하거나
음성으로써 나를 찾으려 하면
이 사람은 그릇되게 노력하는 사람으로
부처를 보지 못하리라."

약이색견아若以色見我 이음성구아以音聲求我
시인행사도是人行邪道 불능견여래不能見如來

해설

『금강경』의 핵심 사상을 나타내는 사구게이다. 수행자가 부처를 볼 수 있는 길을 밝힌 것이다. 부처님은 형상이나 음성을 통해서는 찾거나 볼 수 없다. 색깔과 음성(色聲)의 겉모습이 아니라 부처님의 말씀을 기록한 경전의 가르침을 통하여 진짜 부처님(아뇩다라삼먁삼보리: 최고의 깨달음)을 찾을 수 있음을 밝힌 사구게이다.

겉모습인 상相을 타파하는 지혜가 공의 반야지혜이다. 파상불破相佛이요, 이상불離相佛이요, 공왕불空王佛이다.

선종에서는 "마음이 부처이다(心卽是佛)."라고 한다. 본래성품인 불성을 발견하는 견성見性이 성불成佛이다. 마음에서 부처를 찾는 자성불自性佛이다.

겉모습으로는 본질을 파악할 수가 없다. 진정한 부처는 겉모습의 32가지 특징인 32상이 아니라, 부처님이 깨달으신 진리의 내용, 즉 중생을 위하여 설하신 말씀(경전)이다. 경전이 반야지혜로서 부처님의 참모습이다. 참부처를 보고 찾으려면 경전(금강경)을 보아야 한다. 경전이 참부처다.

27 보살은 끊음도 없고 멸함도 없다

"수보리야, '최고의 깨달음(아뇩다라삼먁삼보리)을 일으킨 사람은 모든 진리가 단멸한다고 생각한다'는 생각을 하지 마라. 왜냐하면 최고의 깨달음을 일으킨 사람은 법에 대하여 단멸상을 말하지 않기 때문이니라."

해설

단멸상斷滅相이란 사람이 죽으면 모든 것이 끝나버린다는 사상이다. 이런 주장을 한 사람은 인과를 무시하고 막행막식을 하는 극단적인 사람이 많다. 사람이 죽어도 그 사람의 생각이나 철학은 자식이나 이웃 친지들에게 이어진다. 뿐만 아니라 그의 유전자 DNA는 이미 조상으로부터 무수히 공동으로 이어받아 왔고 고스란히 후손에게 이어진다.

또한 사회나 국가, 인류의 일원으로 공동체의 업을 짓고 행했던 모든 것도 공업共業으로 인류에게 유전되고 계승될 것이다.

동물과 식물의 조상은 한 뿌리로서 유전자 DNA의 50%가 동일하다. 침팬지와 인간의 유전자 DNA는 98%가 동일하다. 이미 우리는 우주 자연과 더불어 한 생명체로서 뿌리를 함께 하고 있다.

무지몽매한 중생은 홀로 단멸상을 짓고 살아가지만, 연기緣起의 법을 깨닫고 이해하면서 살아가는 사람은 대아大我의 마음으로 나와 남을 나누지 않고, 자타불이自他不二의 대심大心 보살로 살아간다.

내가 죽더라도 나의 유전자와 동일한 일부분은 세상에서 중생들과 함께 공존하는 것이다. 그래서 단멸상은 그릇된 생각이다. 그러나 현재의 나와 똑같은 존재가 영원히 살아가는 것은 아니다. 업력에 의해서 변형되고 변화된 내가 윤회하기 때문에 상주론도 그릇된 생각이다.

 용어풀이

* 단멸상斷滅相: 인간은 죽음과 동시에 아무것도 남지 않는다는 극단적인 생각. 따라서 인과를 무시하고 선과 악을 무시한다. 사람이 죽으면 그것으로 끝이라는 주장으로 유물론적 사고이다. 단멸론이라고도 부른다.

* 상주론常住論: 사람이 죽으면 영혼이 있어서 천국에서 영원히 산다는 주장. 단멸론과 상대적인 말로 쓰인다.

28 보살은 자기가 지은 복덕을
받지도 집착하지도 않는다

"수보리야, 보살은 자기가 지은 복덕에 대하여 탐욕을
부리거나 집착하지 않는다."

해설

보살은 자신이 지은 복덕에 탐착하거나 집착하지 않으므로 복
덕을 받지 않는다고 말한다.

집착하거나 탐욕을 부리는 마음이 있으면 보살이 아니다. 보
살은 네 가지 상(四相; 아상·인상·중생상·수자상)과 네 가지 견
해(四見; 아견·인견·중생견·수자견)가 끊어진 사람이다. 마땅히
머무르는 마음이 없이 마음을 내야 보살이다(應無所住而生其心).
집착하는 마음이 없어야 보살이다. 집착하는 마음이 있으면 중
생이다.

29 부처님은 온 바도 없고 간 바도 없다

"수보리야, 만약 어떤 사람이 '여래(부처님)는 오고 가고 앉고 눕는다.'고 말하면, 이 사람은 내가 말한 뜻을 이해하지 못한 것이다.
왜냐하면 여래(부처님)라는 것은 어디로부터 온 바도 없고, 또한 간 바도 없기 때문에 여래라고 이름하는 것이다."

해설

부처(여래)는 오고 간 바가 없다. 마음이 부처이고, 중생이 부처이다. 중생의 마음과 부처의 마음은 평등하여 조금도 차이가 없다. 내 마음이 부처의 마음을 내면 부처이고, 중생의 마음을 일으켜서 어리석으면 중생이다.

따라서 마음속에서 천 리를 가나 만 리를 가나 바로 그 자리일 뿐이다. 여래如來란 오고 감이 없는 본래 그 자리이다. 꿈속에서 말을 타고 만 리를 달린다고 해도 잠에서 깨고 나면 잠자리를 벗어나지 않고 바로 그 자리이다.

부처가 깨달은 진리도 모두 마음속에서 이루어진 인식작용과 깨달음의 작용일 뿐이다. 진리는 먼 곳에 있는 것이 아니라 모두 내 마음에 있으니 이 또한 오고 감이 없는 것이다.

용어풀이

*팔부중도八不中道: 대승불교의 완성자인 용수龍樹가 『중론』에서 최초로 설한 이론으로, 중생의 여덟 가지 어리석은 고집된 생각을 부정함으로써 나타나는 중도의 이치를 말한다. 생(生: 태어남)과 멸(滅: 소멸함)의 부정을 말한 불생불멸不生不滅, 상(常: 항상)과 단(斷: 끊어짐)의 부정을 말한 불상부단不常不斷, 일(一: 같음)과 이(異: 다름)의 부정을 말한 불일불이不一不異, 래(來: 가다)와 거(去: 오다)의 부정을 말한 불래불거不來不去이다.

<u>30</u> 삼천대천세계의 티끌의 비유

부처님께서 말씀하셨다.
"수보리야, 너의 생각은 어떠하냐? 어떤 사람이 삼천대
천세계(우주)를 부수어 티끌(미진)로 만들었다면 티끌
이 많겠느냐, 적겠느냐?"
"매우 많습니다. 왜냐하면 그 티끌들이 실제로 있는 것
이라면, 부처님께서는 티끌이라고 말씀하지 아니하셨
을 것입니다. 부처님께서 말씀하신 티끌이란 티끌이 아
니고 그 이름이 티끌이기 때문입니다."

해설

우주는 티끌이 모여서 형성된 것이다. 그리고 그 티끌은 실체가
없는 에너지가 모여서 이루어진 것이다. 무아요, 공이다. 다만
호칭하는 이름이 티끌이라고 붙여진 것뿐이다.
　티끌이 인연 따라 흩어지고(離), 모여서(合) 형상인 물체를 이

루고 더 확대되어 우주를 이룬다. 흩어지면 에너지는 허공처럼 실체가 없이 묘유妙有하고, 모아지면 일합상一合相이 되어 삼천대전세계, 즉 우주를 이룬다. 따라서 부처님께서 말씀하시기를 "삼천대천세계(우주)도 곧 세계가 아니라 그 이름이 세계이다."라고 하셨다. 『금강경』 언어구조의 대표적인 논리인 '즉비卽非… 시명是名의 논리'이다.

용어풀이

*미진微塵: 미세한 티끌. 불교에서 최소한의 크기나 부피.

*일합상一合相: 여러 연緣으로 말미암아 미진微塵이 모여서 물질세계를 조성하거나, 오온(五蘊: 색色·수受·상想·행行·식識)이 인연 따라 임시로 화합(假和合)하여 사람이 되는 것을 일합상이라 한다. 한 덩어리의 모습. 한 생명체.

<u>31</u> 잘못된 견해를 내지 마라

부처님께서 말씀하셨다.

"수보리야, 어떤 사람이 '부처님께서 내가 잘났다고 착각하는 견해(我見)·인간이 다른 생명체보다 우수하다고 집착하는 견해(人見)·중생이 못났다고 집착하는 견해(衆生見)·수명이 영원하여 영혼이 있다고 집착하는 견해(壽者見)를 말씀하셨다'고 한다면 이 사람은 부처님이 설하신 뜻을 이해하지 못한 것이다. 부처님께서 말씀하신 아견我見·인견人見·중생견衆生見·수자견壽者見은 곧 아견·인견·중생견·수자견이 아니라 그 이름이 곧 아견·인견·중생견·수자견이기 때문이다."

상相과 견見의 차이는, 상은 집착하는 생각이고, 견은 생각이 굳어져 논리적으로 정리된 자신의 견해, 즉 주장이다.

어리석은 중생은 네 가지 그릇된 상(相: 생각, 관념)과 네 가지 그릇된 견해를 가지고 있다. 『금강경』의 핵심은 최고의 깨달음을 얻기 위해 사상四相과 사견四見을 타파하는 것이다. 이것이 깨지면 여래의 진실한 견해, 즉 정견(깨달음)을 얻게 된다.

내 주장과 관점이 항상 옳다고 고집하는 견해(我見), 사람이 다른 생명체보다 우수하다고 잘못 인식하는 견해(人見), 스스로 못난 중생이라고 집착하는 견해(衆生見), 자신의 수명이 영원하다고 착각하는 견해(壽者見) 등이 진리와 실상을 볼 수 없도록 방해하는 그릇된 견해이다.

이런 잘못된 견해를 깨부수고, 영원히 존재하는 실체가 있다는 '유有'에 대한 고정화된 생각을 타파하여 마침내 현상계의 모든 존재를 꿈과 같이 보고, 환영과 같이 보고, 거품과 같이 보고, 그림자와 같이 보고, 이슬과 같이 보고, 번개와 같이 보면 부처를 보게 되고 진리를 보게 되며, 깨달음을 얻게 된다고 『금강경』은 주장하고 있다.

인간의 '유有'에 대한 고정화된 관념을 타파하기 위하여 『금강경』은 인간의 뇌에 '벼락을 치는 충격(반야의 지혜)'을 반복해서 되풀이하며 중생들에게 인식의 전환을 강조하고 있다. 금강석과 같은 굳센 반야지혜로 능히 번뇌의 고리를 끊어주어 열반

(평화)의 세계로 이끄는 것이다.

*베이컨의 네 가지 우상

영국의 베이컨이 말하기를 '인간은 네 가지 우상偶像에 의해서 이성이 마비되어 참다운 지식을 얻지 못하도록 방해받는다'고 하였다. 그 우상이 편견과 선입견이다. 『금강경』에서 강조하는 네 가지 집착·고정화된 생각과 관념인 사상四相 및 사견四見과 동일한 사상이다.

①종족種族의 우상: 자기 종족을 본위로 우수하다고 판단하는 편견이다. 백인은 백인이 우월하다고 생각하고 판단한다.

②동굴洞窟의 우상: 생활환경에서 비롯된 편견과 독단을 뜻한다. 우물 안 개구리처럼 자신의 좁은 소견을 전체의 생각처럼 주장한다.

③시장市場의 우상: 시장처럼 각계각층의 많은 사람이 모인 곳에서 사용하는 오류의 언어가 있다. 본질과 다른 의미의 언어가 혼합해서 사용되면 진실을 이해할 수 없다.

④극장劇場의 우상: 영화를 볼 때 주인공을 심정적으로 응원하게 된다. 전통적인 권위나 학설을 무비판적으로 수용하는 편견이다.

32-1 번개와 같고 이슬과 같은 인생

"남을 위하여 어떻게 『금강경』을 설명할 것인가? 남을 위하여 설명해준다는 생각을 내지 말고, 칭찬이나 비난에 한결같고 흔들림이 없어야 한다.

눈에 보이는 세상의 것은

마치 꿈과 같고, 환상과 같고, 거품과 같고, 그림자와 같네.

이슬과 번개같이 지나가는 것이니

반드시 이처럼 보아야 하네."

일체유위법一切有爲法　여몽환포영如夢幻泡影

여로역여전如露亦如電　응작여시관應作如是觀

해설

이 사구게는 『금강경』의 사상을 알기 쉽게 게송으로 요약한 것이다. 이 20자의 내용만 확실히 이해한다면 『금강경』 전체를 이해한 것이다. 그래서 이 경전의 전문에서 6회에 걸쳐 "이 경전의 사구게만이라도 받아 지니고, 다른 사람에게 설명해준다면 갠지스강의 모래만큼의 세계에 칠보를 가득 채워 보시한 공덕보다도 크다."고 설하였다.

서포西浦 김만중金萬重이 지은 소설 『구운몽九雲夢』의 주제가 인생무상인데, 이 책의 끝부분이 『금강경』처럼 이 사구게로 마무리된 것은 흥미로운 일이다.

 용어풀이

*유위법有爲法: 무위법의 상대어. 인연의 화합으로 만들어진 모든 존재나 현상, 또는 그것의 생멸生滅의 변화를 일컫는다.

더 들여다보기

*『금강경』의 여섯 가지 비유(六喩):
『금강경』에서 무아(공)를 설명하면서 든 여섯 가지 비유. 존재하는 모든 만물이 공하고 무상無常한 것을 꿈(夢)·환상(幻)·물거품(泡)·그림자(影)·이슬(露)·번개(電) 등에 비유하여 설명하였다. 육유반야六喩般若라고도 한다.

중국의 길장은 『금강반야경소』에서 『금강경』의 아홉 가지 비유를 다음과 같이 해설하고 있다.(김호귀 역주 참고)

"꿈의 비유는, 과거의 법은 지난밤의 꿈과 같아서 깨어나 보면 없는 것과 같다.

허깨비(환상)의 버유는, 환사幻師가 갖가지 물건을 만들어내지만 그 실체가 없는 것과 같다. 그처럼 중생의 업도 환幻과 같기 때문에 갖가지 국토를 보지만 그 또한 실체가 없는 것과 같다.

물거품의 비유는, 하늘에서 내리는 비가 빗방울로 거품을 만들어내면 어린이가 그것을 구슬로 착각하여 탐착을 내는 것과 같다. 중생의 감수작용도 그와 같아서 감각기관과 대상에 의해서 의식작용이 생기지만 그 실체가 없기 때문이다.

이슬의 비유는, 이슬이 잠깐 동안 머물고 사라지듯이 우리의 몸도 그와 같기 때문이다.

번개의 비유는, 번개는 보자마자 곧 없어져 버리는데, 현재의 법도 그와 같기 때문이다.

그림자의 비유는, 그림자는 물체가 빛을 가려 나타나는 검은 형상으로 실체가 없는 음영陰影이기 때문이다."

*금강경의 아홉 가지 비유
중국 북위北魏의 보리유지菩提流支가 한역한 『금강경』에는 일체법을 아홉 가지의 비유(九喩)로 설명하고 있다.

"일체의 유위법은 마치 별(星)·백태(翳)·등불(燈)·허깨비(幻)·이슬(露)·물거품(泡)·꿈(夢)·번개(電)·구름(雲) 등과 같으니 마땅히 이와 같이 관하라."

32-2 <u>금강경</u>을 믿고 실천하라

부처님께서 이 경전을 설법하심을 마치셨다.
부처님께서 말씀하신 설법을 듣고 참석한 대중 모두가
크게 기뻐하며, 『금강반야바라밀경』을 믿고, 받아 지니
고, 받들어 실천하였다.

 해설

이렇게 『금강경』의 법회가 끝난다. 불교의 모든 경전의 첫머리
는 "나는 이와 같이 부처님의 말씀을 들었다.(여시아문如是我聞)"
로 시작한다. 그리고 마지막 마무리 문장은 "부처님께서 이 경
전을 설하여 마치니 …… 모두가 부처님께서 말씀하신 것을 듣
고, 모두 크게 기뻐하며 믿고 받아 지녀 받들어 실천하였다.(신
수봉행信受奉行)"로 끝난다.

『금강경』은 한량없는 복덕을 주는 공덕경이다. 더불어 지혜
경이다. 중국, 한국, 일본에서 팔만대장경 가운데 가장 많이 읽

는 경전이다. 『금강경』으로 인해 그대에게 한없는 지혜와 공덕
이 있을지어다.

 용어풀이

*신수봉행信受奉行: 부처님의 말씀을 믿고 받아 지니고, 또 그것을
받들어 실천한다는 뜻으로, 모든 불교 경전의 끝마무리에 공통적
으로 붙어 있는 삽입구이다.

참고문헌

박병기 외 5인, 전라북도교육감(교육부 위임) 발행, 고등학교 교과서 『고전과 윤리』, (주)태산신미디어, 2018.

지관 편저, 『가산불교대사전』, 가산불교문화연구원, 1998.

김승동 편저, 『불교사전』, 민족사, 2011.

대한불교조계종 교육원 편역, 『조계종 표준 금강반야바라밀경』, 조계종출판사, 2009.

지안 강설, 『조계종 표준 금강경 바로읽기』, 조계종출판사, 2010.

김용옥, 『도올 김용옥의 금강경 강해』, 통나무, 1999.

각묵 역해, 『금강경 역해』, 불광출판사, 2001.

오진탁, 『한글세대를 위한 금강경』, 서광사, 2016.

김월운 강술, 『금강반야바라밀경 강화』, 보현각, 1977.

혜거 엮음, 『금강경』, 도서출판 선유, 2016.

김해안 강의, 『해안강의 금강반야바라밀경』, 불서보급사, 1965.

틱낫한 지음, 양미성 옮김, 『금강경(삶에서 깨어나기)』, 장경각, 1995.

이중표 역해, 『니까야로 읽는 금강경』, 민족사, 2016.

전재성 역주, 『번개처럼 자르는 지혜의 완성, 금강경』, 한국빠알리성전협회, 2003.

석진오 역해, 『금강경 연구』, 고려원, 1988.

박건주, 『위없는 깨달음의 길, 금강경』, 운주사, 2002.

법상, 『금강경과 마음공부』, 도서출판 무한, 2008.

일감, 『금강경을 읽는 즐거움』, 민족사, 2015.

이제열, 『왕초보 금강경박사되다』, 민족사, 2011.

김운학, 『신역 금강경오가해』, 현암사, 무오년.

오진탁 역주, 『한글세대를 위한 금강경』, 서광사, 2016.

묘봉, 『금강경 묘해』, 나녹, 2016.

한탑 법문, 『금강경 법문』, 문사수, 2016.

정여, 『알기 쉬운 금강경』, 혜성출판사, 2007.

법산 경일 편역, 『뜻으로 풀어 본 금강경 읽기』, 백산출판사, 2017.

지광, 『영원한 마음의 나라(금강경)』, 능인출판, 2006.

성본 강설, 『깨지지 않는 법 금강경』, 민족사, 2012.

법륜, 『법륜 스님의 금강경 강의』, 정토출판, 2012.

강미농 지음, 양관 옮김, 『강미농의 금강경』, 담엔북스, 2016.

무비, 『금강경 강의』, 불광출판사, 1994.

무비 강의, 『무비스님의 금강경 이야기』, 운주사, 2003.

송찬우, 『뜻으로 읽는 금강경』, 도서출판 보현암, 1998.

반산 편저, 『재미있는 금강경 강의』, 부다가야, 2006.

김호귀 역주, 『길장 금강반야경소』, 도서출판 석란, 2005.

김호귀 주해, 『금강경 주해』, 석란, 2007.

우승택, 『성공학으로 읽는 금강경』, 장승, 2005.

고준환 편저, 『활빨빨한 금강경』, 도서출판 본각선교, 2014.

조길연, 『멍텅구리가 만난 금강경』, 꿈엔들, 2008.

무각 스님 역해, 『선으로 본 금강경』, 불광출판사, 2011.

유중 번역 해설,『하룻밤에 읽는 금강경』, 사군자, 2016.

김원수,『성자와 범부가 함께 읽는 금강경』, 공경원, 2012.

한승주,『금강경삼가해의 국어학적 연구』, 청목출판사, 2012.

한정섭 강의·이영복 편찬,『금강경 오가해 특강』, 불교정신문화원, 불기 2546년.

김영배 역주,『역주 금강경삼가해』, 세종대왕기념사업회, 2006.

지원, 용성선사 역해,『금강경연구』, 동국대학교 대학원 박사학위논문, 2015.

최봉수,『한글로 풀어 본 범본 금강경』, 동산법문, 2006.

원순 역해,『규봉스님 금강경(금강경오가해설의)』, 법공양, 2013.

원순 옮김,『육조스님 금강경(금강경오가해설의)』, 법공양, 2010.

원순 옮김,『야부스님 금강경(금강경오가해설의)』, 법공양, 2011.

무비 역해,『금강경오가해』, 불광출판사, 1992.

이인혜 역해,『금강경오가해설의』, 도피안사, 2009.

설우,『행복한 금강경 이야기』, 사유수, 2013.

신소천, 금강경(오가해) 강의, 홍법원, 1968.

거부 역주,『금강경』, 수덕사 승가대학, 2000.

정호영 옮김,『금강경』, 민족사, 1993.

상묵 스님,『금강경 강의』, 조계종출판사, 불기 2551년.

김태완 번역,『선으로 읽는 금강경』, 고요아침, 2004.

양승규 옮김,『티베트금강경』, 도피안사, 2003.

한형조,『붓다의 치명적 농담(한형조 교수의 금강경 별기)』, 문학동네, 2011.

한형조, 『허접한 꽃들의 축제(한형조 교수의 금강경 소)』, 문학동네, 2011.

김형준 역, 『팔천송반야바라밀다경』, 담마 아카데미, 2003.

송강, 『금강경 강해』, 개화산 미타사 발행, 불기 2539년.

지욱대사 지음, 송찬우 옮김, 『금강경파공론』, 세계사, 1992.

정천구, 『금강경(금강경 독송과 이론과 실체)』, 보림사, 1991.

조돈규 편저, 『금강반야바라밀경』, 사모암, 1997.

법성 과역, 『팔천송반야경』, 조계종출판사, 1996.

우룡스님, 『생활 속의 금강경』, 도서출판 효림, 2002.

이대성, 『영어로 읽는 금강경』, 향림출판사, 2004.

신소천, 『금강경과 각(覺) 운동』, 금강경독송구국원력대 간행, 불교시보
사, 단기 4289년.

지은이 **김형중金衡中**

동국대학교 불교학과를 졸업하고 동대학원에서 한문교육을 전공하였으며, 중국 연변대학교에서 「선시문학연구」로 문학박사학위를 받았다.

전국교법사단장, 동대부여중 교장, 교육인적자원부·서울시교육청 교과서 심의위원, 동방대학원대학교 불교문예학과 객원교수를 역임하였다.

현재 동국대학교 사범대학 부속여자고등학교 교장, 청정국토만들기운동본부 상임부회장, 한국문인협회 회원(문학·미술평론가), 전국 교육경영자 불자회 회장, 동국대학교 경영대학원 강의교수로 있다.

저서로 『깨달음으로 이끄는 대장경 속 한마디』, 『아득한 성자』(공저), 『불교, 교과서 밖으로 나가다』, 『시로 읽는 서산대사』, 『왕초보 한문박사 되다』, 『한글세대를 위한 한자공부』 등이, 공동저서로 『청소년 불교성전』, 『중고등학교 철학교과서』 등이 있다.

■ 금강경 강의를 원하는 곳이면 어디든 무료로 강의하고 있다.
  email : ililsihoil1026@hanmail.net

고등학생을 위한 금강경

초판 1쇄 인쇄 2018년 10월 16일 | **초판 1쇄 발행** 2018년 10월 23일
지은이 김형중 | **펴낸이** 김시열
펴낸곳 도서출판 운주사

(02832) 서울시 성북구 동소문로 67-1 성심빌딩 3층
전화 (02) 926-8361 | 팩스 0505-115-8361
ISBN 978-89-5746-530-1 43220   값 11,000원
http://cafe.daum.net/unjubooks 〈다음카페: 도서출판 운주사〉